JN087544

# 社会統計学入門

（三訂版）社会統計学入門（'24）



装丁デザイン：牧野剛士
本文デザイン：畑中　猛

m-33

# まえがき

パソコンやインターネットをはじめ情報技術が発達した現代社会では、無数のデータが日々飛び交っています。ニュースや新聞を見ても、毎日のように何らかのデータが報道されており、内閣・政党支持率やテレビ視聴率など、政治・ビジネス・家庭といったあらゆる場面に関して、私たちの実態や行動・意識などがデータ化され、またそのデータによって直接的・間接的な影響を受ける可能性があります。こうした状況を息苦しいと感じるかもしれません。また、提供される情報が多すぎて、消化しきれないかもしれません。

しかし、このことは視点を変えてみると、情報が何も提供されない社会や一部の人にしか提供されない社会と比べると、私たちがどういった情報やデータを得るのかを選択できる社会に生きていることでもあります。とすると、情報を受ける側である私たち自身が、いかにしてこうした情報を読み取る技量を培うかが、社会の実態を知る上で重要となってきます。近年、注目されるようになった「データサイエンス」は、まさにこうしたデータをどのように活用するかを科学的に探究する教育・研究分野です。

本講義では、主として社会調査によって得られたデータを分析するための諸技法を紹介し、それらがどのような論理で組み立てられているのか、またそれによる分析結果をどのように読み取るのかといった力を養うことを目的としています。調査が実施され、その結果が提示されるまでの過程は、ある製品が製造される過程に似ています。アンケート調査などによって関心対象の情報・データを得るのは、食品や機械を製造するために必要な原材料を調達することに相当します。そして、そのデータを使って分析を行うのは、調達した原材料を加工し、製品として形にすることに相当すると言えるでしょう。本講義では、後者の「加工」に特化して、その手続きや技法について学んでいきます。同じ原材料でも、「加工」の仕方によってでき上がる製品に違いがあるように、ある1つの調査データに基づく、さまざまな角度からの分析によって、異なる結果が出てくることもあります。私たちがメディアや書籍などによって目にしたり耳にする調査結果は、データ分析結果の一部に過ぎないことも多々あるわけで、そうした調査結果を鵜呑みにせずに、ときには批判的に検討するだけの力量を備えてもらいたいと思います。

受講にあたっては、高校レベルの数学と社会調査法についての知識があった方が内容をスムーズに理解できます。数学に関しては、できる限り具体的な例を提示しつつ計算手順なども追体験できるように考慮していますが、それを定式化するための数式も所々に提示されますので、必要に応じて数学のテキストなどを参照してください。また、社会調査は、分析に先立つ「原材料」を調達する過程と先に述べた通り、さまざまな統計技法と密接に結びつくものです。本講義でも、調査法に関わる関連事項を紹介することもありますが、やはり社会調査法に特化した別の書籍や講義を併行して学習する方が体系的に身につけることができます。

本講義では、さまざまなデータや分析結果を例示しますが、調査データのいくつかは、多くの学習者が利用できるように開かれていますので、興味をもたれたら自分自身で分析してみるのも良いでしょう。さまざまな統計技法に触れた後に、「こういう分析をしてみたい」という知的欲求が現れてくること、その原動力となるように、本講義が少しでも助けとなれば幸いです。

2024年2月

林　拓也

# 目次

# 1 社会調査のデータと統計分析の考え方

林　拓也

**《1章の目標》** 社会調査に基づいて得られたデータを、統計分析にかけることによってどのようなことが明らかになるかについて、大まかなイメージをつかむ。また、本講義の構成と学習の指針について概説し、以降の各章の位置づけを確認する。
**《キーワード》** 社会調査、社会統計学、統計データ

## 1. 統計データと社会調査

### (1) 身近になる統計データ

人間の行動や心理、経済現象、自然現象など、この世界で生じているさまざまな現象を数量的に把握し、それを提示する方法として、「統計学」はきわめて広範囲に応用されている。統計分析は、人文・社会・自然科学といった学術研究のみならず、官公庁やメディア機関によって実施されるさまざまな調査に基づいて行われており、調査結果の報道などを通して、関係者以外にも多くの人々の目に触れることになる（**図表1-1**）。

また、研究機関や研究者が実施した調査から得られたデータ自体（集計結果ではなく個々の対象のデータ）を可能な限り広く公開することにより、多くの人々が自分自身で統計分析を行う機会をもたらすことを目的として、「二次データ」の保管と提供を行っている機関が近年設立されている。その代表例として、東京大学社会科学研究所附属社会調査・

図表 1－1　統計分析に基づく記事（「朝日新聞」2009 年 7 月 31 日）

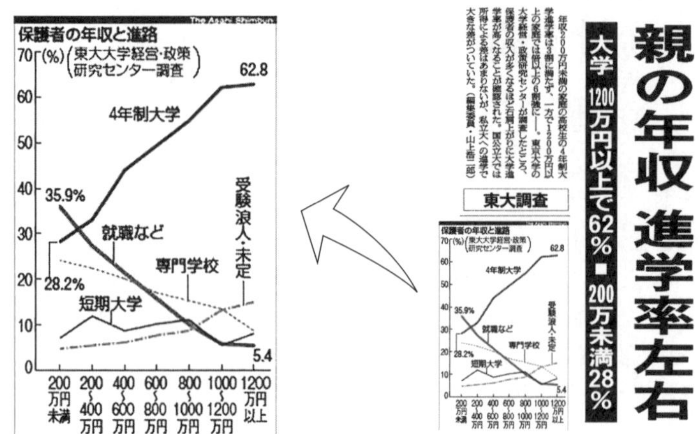

# 親の年収 進学率左右

大学 1200 万円以上で 62%■200 万未満 28%

東大調査

年収200万円未満の家庭の高校生の4年制大学進学率は3割に満たず、一方で1200万円以上の家庭では倍以上の6割強に――。東京大学の大学経営・政策研究センターが調査したところ、保護者の収入が多くなるほど右肩上がりに大学進学率が高くなることが確認された。国公立大では所得による差はあまりないが、私立大への進学で大きな差がついていた。（編集委員・山上浩二郎）



データアーカイブ研究センターが構築している SSJ データアーカイブ（Social Science Japan Data Archive）がある[1)]。

さらに、パソコンやインターネットなど情報技術が発達してきたことと相まって、データの集計がしやすくなったり、データ自体を得やすくなってきている。たとえば、日本国内に在住している人々全員を対象に 5 年ごとに実施されている「国勢調査」をはじめ、総務省統計局が実施している調査のデータは、そのホームページ（http://www.stat.go.jp）にて、集計された結果を確認したり、個人のパソコンに取り込んだりすることが可能となっている[2)]。

このように、統計データを扱う可能性はもはや一握りの専門家のみに限られる時代ではなくなりつつある。その一方で、データや分析結果を受け取る側にも相応の技量が求められる。統計分析に関する予備知識が

---

1) 二次データについての詳細や、それを用いた分析事例は、佐藤ほか『社会調査の公開データ―2 次分析への招待』（2000 年）を参照。

2) ほかにも、文部科学省（学校基本調査）、内閣府（世論調査）、国立社会保障・人口問題研究所（家庭動向調査ほか）、統計数理研究所（国民性調査）など、各ホームページで調査結果を見ることができる。

ない状態で分析結果を提示されても、それが何を意味するのか十分に理解できない。ましてや数値の羅列である生データを前にすると、ただ途方に暮れるだけであろう。つまり、統計データ自体が広く公開され、身近なものになってきたとしても、それらを受け取る側が分析結果を読み取れなければ、結局は「一握りの専門家」による結果の解説に頼るしか手立てがないのである。

**社会統計学**では、主として質問紙調査票を用いた社会調査のデータにおける統計分析の各手法を扱う[3)]。社会調査は、ある社会を構成する多数の人々の実態を捉える目的で行われているので、調査結果がその社会の人々に還元され、広く知ってもらうことも重要な意義をもつものである。身近になりつつある統計データをどのように活用するかという課題に対し、その第一歩として、本講義では、社会調査データの統計分析について、基礎的な考え方や手法を理解してもらうことを目的とする。

### （2）社会調査とデータのまとめ方

統計分析を行うにあたっては、その対象となるデータの存在があり、さらにそのデータを得るために社会調査が実施されている。ここではまず、データの源である社会調査がどのような手続きで行われているのかを簡潔に紹介したい[4)]。これを知ることによって、一見して数値の羅列に見えるデータが、いかに豊富な情報を有しているかを垣間(かいま)見ることができるであろう。

一般に「アンケート」と呼ばれるような質問紙調査票を目にしたことがあるだろうか（**図表1－2**）。その調査票には、問1、問2…といった質問番号ごとに、個別の質問が設定されていて、調査を受ける人（「回答者」と言う）はそれぞれの質問に回答する。

---

3）扱うデータの種類・特性や学術分野に応じて、「心理統計学」・「経済統計学」といった応用的な統計学がある。

4）「社会調査」の学習に関しては、それ自体でひとつの講義体系となるので、詳しくは専門の講義や書籍（北川・山口『社会調査の基礎』2019年など）を参照されたい。

回答については、「1. 賛成」「2. 反対」などのように、あらかじめ選択肢が用意されていることが多く、その中のあてはまるものを回答する。質問によっては選択肢を選ぶ形式ではなく、回答者自身の言葉で回答する形式（「自由回答」と言う）が用いられることもあるが、データ化を行う過程で近似した回答をひとまとめにくくる作業が行われる。たとえば仕事の内容について、「学校の先生」という回答と「生徒の教育」という回答は「教員」という職業区分として統合される。

このように社会調査では、①回答者１人につき、調査票で設定された

**図表１−２　質問紙調査票の例**

問１　あなたの性別は、以下のうちどれにあたりますか。あてはまる番号に○をつけてください。
※戸籍や住民票等に登録された性別にかかわらず、あなたが自分自身で認識している性別（性自認）をお答えください。

1. 男性　　2. 女性　　3. その他（具体的に　　　　　　　　）

問２　あなたは現在、何歳ですか。この調査時点での満年齢を、以下にご記入ください。

［　　　　］歳

問３　あなたは現在、どのような仕事をしていますか。具体的な仕事の内容を、以下にご記入ください。

［　　　　］

問４　○○という意見があります。この意見に対して、あなたは賛成ですか、それとも反対ですか。

1. 賛成　　2. 反対　　3. どちらでもない

質問の分だけそれらに対する回答データが得られる、②対象となった回答者の分だけその回答データが得られることになる。したがって、質問の数が30問、回答者が1000人の場合は、30000ものデータを分析の対象として利用することができる。他方で、このような膨大なデータは何らかの整理した形でまとめておかないと、分析に利用したいときに効率よく引き出すことができない。一般に、社会調査のデータは、回答者×回答内容という形式のデータセットとしてまとめられる。

**図表1－3**は、先の質問に対して500人から回答を得たと仮定した架空データである。最初の回答者（上から3行目）は、問1に「女性」と回答し、問2の年齢は「48」歳、職業は「美容師」の仕事、そして○○という意見に対しては「賛成」と回答していることを示す。この表には一部しか掲載していないが、横方向には他の質問に対する回答が、縦方向には500人の回答者が、行列形式にそろえられている。

このようなデータを構成する要素を表す用語として、「変数」と「値」について紹介しておこう。**変数**(variable)とは、対象(この例では回答者)によって特性が異なる要素のことを指し、**図表1－3**では性別・年齢・職業・賛否がそれに相当する。また、**値**（value）とは、変数を構成する複数種類の特性や数値のことを指し、たとえば「性別」という変数に

**図表1－3　社会調査により得られたデータ（架空例）**

| 問1<br>性別 | 問2<br>年齢 | 問3<br>職業 | 問4<br>意見への賛否 | …<br>… | |
|---|---|---|---|---|---|
| 女性 | 48 | 美容師 | 賛成 | … | 計500人 |
| 男性 | 41 | 中学教員 | 反対 | … | |
| 女性 | 53 | 販売店員 | 賛成 | … | |
| 男性 | 23 | 機械製造 | 賛成 | … | |
| その他 | 35 | 会計事務 | 反対 | … | |
| 女性 | 28 | 営業職 | どちらでもない | … | |
| 女性 | 42 | 介護職 | 反対 | … | |
| 男性 | 37 | 宅配便配達 | どちらでもない | … | |
| 女性 | 58 | 会社経営者 | 反対 | … | |
| ： | ： | ： | ： | ： | |
| ： | ： | ： | ： | ： | |

は「男性」「女性」「その他」という値が、「年齢」という変数には「23」「35」「48」などのような値がそれぞれ存在する。また、質問紙調査票と対応させると、質問項目（各問）が変数、回答選択肢や回答をまとめた区分が値に相当すると考えても差し支えない。

## 2. 社会統計学への誘い

### （1）分析例

さて、このようなデータ行列から、どのような情報をどのようにして引き出すことができるだろうか。たとえば○○意見に対する賛成率や反対率を知りたい場合、先の表（500 人分）をたどりながら、賛成の人数や反対の人数を数えるという作業が必要であるが、この作業は分析者自らが行う必要はなく、パソコンに入力してさえあればすぐに出力可能である。この 500 人分の賛否を集計した結果は、以下の通りであったとする。

賛成 225 ／反対 150 ／どちらでもない（中立）125

これを比率に直すと 45% ／ 30% ／ 25% となり、全体の半数近くがその意見に対して賛意を示していることがわかる。

分析者の関心が、性別による賛否の違いにある場合、意見への賛否の分布を回答者の性別ごとに集計する必要がある。

男性（計 230）：賛成 92 ／反対 98 ／中立 40 → 40% ／ 43% ／ 17%
女性（計 250）：賛成 120 ／反対 50 ／中立 80 → 48% ／ 20% ／ 32%
※その他（計 20）の集計は略

賛否の比率に着目すると、男性の場合は「反対」の回答が最も多い（43%）のに対して、女性の場合は「賛成」が最も多い（48%）。また、女性は男性と比べて「賛成」と「中立」の比率が高く（それぞれ48%＞40%、32%＞17%）、「反対」の比率が低い（20%＜43%）。この結果からは、性別と言う変数の値（男／女）によって、賛否という変数の値の分布が異なることが確認されるが、それは性別と賛否という2つの変数間に関連があることを意味する。ここで言う「関連」とは、一方の変数（性別）の値によって、他方の変数（賛否）の値の分布が異なる状態を指す。これに対して2つの変数の間に関連がない場合とは、一方の変数の値によらず、他方の変数の値の分布が一定である状態を指す（例. 男女とも賛否の比率が同一）。

### （2）社会統計学における3つのポイント

調査から得られた**図表1－3**のようなデータに基づく一連の分析の中で、社会統計学として重要なポイントは大きく3つに分けられる。

まず第一に、変数の値がどのように分布しているかという点である。たとえば、先の調査データを例にとれば、回答者の年齢はどのような値の範囲をとるのか、意見の賛否に関して、賛成／反対／中立の選択肢にどの程度回答が集中しているのか、または散らばっているのかを検討する。このような分布の状態を表すために、いくつかの**統計量**（statistics）がしばしば利用される。統計量とは、調査から得られたデータに基づいて計測される数値のことを指し、たとえば、年齢の「平均値」や賛否の「比率」などがそれにあたる。また、散らばりの大きさを示す指標などもある。

第二のポイントは、データの統計量に基づいて母集団と呼ばれる全体集団の状態を推測することである。多くの社会調査の対象者は、ある社会の集団全体＝母集団から、その一部として抽出された標本と呼ばれる一群の人々であるのが通常である[5]（**図表1－4**）。たとえば先の賛否の比率は、調査に回答した人々（500人）の実態を表す標本の統計量であるが、

---

5）対象者を取り出すことを「標本抽出」と言う。「母集団」との関係も含めて、詳しくは4章で解説する。

図表１−４　母集団と標本

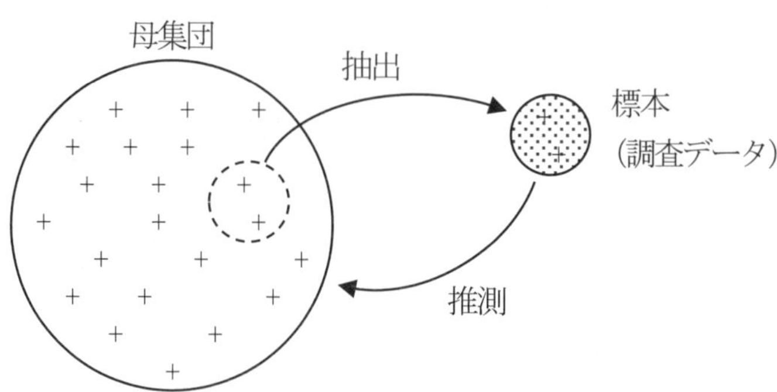


そのデータから賛成率が45%であることがわかった場合、その回答者の範囲にとどまらず、データを得られていない人々も含む集団全体における賛成率がどのようであるのかが推測される。

そして第三のポイントは、複数の変数の間にどのような／どの程度の関連があるかという点である。性別と賛否の関連がどの程度大きいのかを何らかの数値で表し、年齢と賛否との関連、職業と賛否との関連についても同様の数値によって比較すれば、賛否と最も強く関連するのがどの変数であるのかを特定することが可能となるだろう。また、調査の回答者の範囲を超え、データが得られた元となる集団全体（母集団）においても、変数間の関連があるかどうかを推測することもよく行われる。

以上の３つのポイントは、それぞれ何らかの観点に絞って、端的な指標（統計量）や推測の結果を提示することを目的としている。社会調査により得られたデータには、先に論じたように膨大な回答者×回答データが含まれるが、統計分析はそれらの中から、目的に応じた必要な情報を、圧縮した形で取り出す役割を果たす。統計分析は難しいことを行っているように見えるかもしれないが、それが目指すところは必要な情報を効率的に提供することなのである。

情報化社会の到来、特にインターネットの普及とともに、私たちはさまざまなデータ・情報を、以前ほど苦労することなく得ることができるようになった。しかしながら、時として、その情報が膨大すぎるために、かえって立ち尽くしてしまうことも少なくないのではないだろうか。また、その膨大な情報を読み取ることが精一杯で、それを素材として何かを論じることまで手が回らないこともあるのではないだろうか。

繰り返すが、社会調査から得た大量データを縮約した情報として提示することにより、社会の状態や変化を読み取りやすく加工するのが、社会統計学の過程のひとつである。分析から導出され縮約された結果を読み取る技法を身につけることによって、社会の状態や変化について考えたり、議論したりするための重要な材料を有効に活用することができるだろう。本講義では、その考え方や意味するところ、そして導出方法について、段階的に理解するための手助けを行っていきたい。

## 3. 本講義の構成と指針

### （1）章の構成

本講義における次章以降の構成は、先に紹介した３つのポイントとも連動している（**図表１－5**）。

まず第一のポイントである「分布」については２・３章で扱い、そこでは分布状態を捉えるための技法や統計量について学ぶ。具体的に、２章では変数の種類・区分について解説するとともに、変数の値の分布を表形式で提示する度数分布表、およびそれを図示する方法について扱う。次の３章では、分布の状態をひとつの統計量で表す技法として、分布の中心を表す「代表値」や、散らばりを表す「散布度」に関するいくつかの統計量を紹介する。

図表1－5　各章の概要

<table>
<tr><th></th><th>概要・分析法</th><th>検　定</th><th>係　数</th></tr>
<tr><td>2章</td><td>度数分布</td><td></td><td></td></tr>
<tr><td>3章</td><td>代表値、散布度</td><td></td><td></td></tr>
<tr><td>4章</td><td>標本分布</td><td></td><td></td></tr>
<tr><td>5章</td><td>推定</td><td></td><td></td></tr>
<tr><td>6章</td><td>検定</td><td>$Z$検定、$t$検定</td><td></td></tr>
<tr><td>7章</td><td>平均の差</td><td>$Z$検定、$t$検定</td><td></td></tr>
<tr><td>8章</td><td>分散分析</td><td>$F$検定</td><td></td></tr>
<tr><td>9章</td><td>クロス集計</td><td>独立性の検定<br>(カイ二乗検定)</td><td></td></tr>
<tr><td>10章</td><td>多重クロス集計</td><td></td><td>クラメールの連関係数<br>ファイ係数</td></tr>
<tr><td>11章</td><td rowspan="2">相関係数</td><td>$t$検定（※）</td><td>積率相関係数</td></tr>
<tr><td>12章</td><td></td><td>偏相関係数<br>順位相関係数</td></tr>
<tr><td>13章</td><td>回帰分析</td><td>$t$検定（※）</td><td>回帰係数</td></tr>
<tr><td>14章</td><td>重回帰分析</td><td></td><td>偏回帰係数<br>決定係数</td></tr>
<tr><td>15章</td><td>まとめと発展学習</td><td></td><td></td></tr>
</table>

（※）その右欄の係数に関する検定を扱うことを示す。

第二のポイントである「母集団の推測」の原理については4～6章で扱い、そこでは1回の調査のデータから得られた分析結果を、その調査対象者（標本）の範囲を超えて、それが抽出された集団全体（母集団）の状態として解釈するための「推測統計」の考え方と応用について学ぶ。標本は母集団の一部として取り出されたものであるため、そのデータが母集団における値を正確に反映しているとは限らず、母集団における真の値（母数と言う）とは異なる標本の統計量が出現することも多い。4

章では、標本の統計量の分布（標本分布と言う）に焦点を当てつつ、標本から得られる統計量に一定の誤差がともなうこと、またその誤差の分布が確率的に把握可能であることを学ぶ。推測統計では、その誤差が生じる確率を想定した上で、母集団における値を特定化する「推定」(5章）と、ある仮説が適合するかどうかを判定する「検定」(6章）を扱う。さらに、それ以降の章では、それぞれの分析手法に対応した形の検定（$t$検定、$F$検定、カイ二乗検定など）を随所で展開することになるので、その基本的な考え方をこの4～6章で培ってもらいたい。

第三のポイントである「変数間の関連」について、7～13章では2つの変数間の関連を知るために用いる分析手法のいくつかを扱う。たとえば先に見た性別と賛否の関連は、回答者をいくつかのグループに区分した2つの変数どうしの分布を組み合わせて集計したものである。こうした集計方法は「クロス集計」と呼ばれ、この講義では9・10章で扱うことになる。また、回答者の特性がいくつかの大きな区分としてではなく、年齢や労働時間といった数量で測定されている場合（「連続変数」と言う。詳しくは2章)、グループ間でその平均を比較したり（7・8章)、2つの変数の数量の大―小や高―低がどのように連動しているかを見るための手法（11～13章）がある。それぞれの手法について、「母集団において関連がある」という仮説を判定するための「検定」や、関連の大きさを数値として表す「係数」を扱っていく[6]。

ある事象に関して複数かつ多様な要因が想定され、2変数間の関連だけでは十分に把握できない場合には、他の変数も含めた複合的な関連を分析する。具体的には、第3変数の影響を統制する多重クロス集計（10章）や層別相関・偏相関（12章)、そして回帰分析を拡張した重回帰分析（14章）がこれに相当する。

最後の15章では、本講義のまとめと注意点、さらに社会統計学の発

6)「検定」において「関連がある」ことが確かめられたとしても、それが必ずしも関連が大きいことを意味するわけではないので、関連の大きさを表す効果量（effect size）をあわせて示す必要がある。本書で扱う「係数」はこの効果量の一種である。

展的な学習のために、多変量解析と呼ばれる手法のごく簡単な紹介を行っておく。

### （2）受講にあたっての指針

最後に、本講義を受講するにあたっての指針を述べておきたい。統計分析から導き出される結果や統計量は、元のデータを加工し圧縮した情報の一部であるため、それが何を表しているのかを正確に理解せずに用いると、誤った情報が独人歩きをしてしまう危険性もある。したがって、それぞれの章で展開される手法や統計量について、その計測手順や意味するところを、念入りに理解することに努めてもらいたい。そのために、講義で紹介する統計量を実際に計算するような【例題】を各章ごとに用意しておく（その解答は巻末 p.212 ～ 225 に掲載）。受講にあたっては、事前に電卓（√計算のできるもの）を用意して、本書で例示されている分析を追体験してもらいたい。

実際にデータ分析を行う機会が訪れた場合には、手計算を行うことは少なく、分析結果が出力される専用のソフトウェアによって進めていけばよい。ただし、最初からソフトウェアに頼ることは慎んでもらいたいというのが私たち執筆者の願いである。ソフトウェアで出力される結果がどのような過程で計算されているのかを、ごく簡単なデータで構わないので自ら体験してみると、その手順や背景となる考え方が（おぼろげながらも）身につくはずである。

ある分析結果を真の意味で理解するためには、その前に学ばなければならない事項がいくつかある。統計分析の手法や統計量は、事前に学ぶべき事項の積み重ねの上に、初めて理解可能となることが大半であり、その十分な知識なしには次に進むことはかなわない。本講義でも、それぞれの章は単独のものではなく、それ以前に学習した事項が前提となって展開されていることは、あらかじめ強調しておきたい。

したがって、学習に際しては必ず復習をしておくこと、忘れてしまった事項が出てきたら前に戻って再度理解しなおすことを強く推奨する。統計学の学習は一足飛びにできるものではなく、一歩一歩を踏みしめつつ、途中で引っかかったら一回戻ってみるという、地道ながら着実な歩みを要する。端的に言えば、統計学の学習には積み重ねと繰り返しが重要ということである。じれったいようだが、こうした歩みを経てこそ、膨大なデータを少数の情報に集約するという「飛び道具」を使いこなせるようになるものと心得ていただければ幸いである。

## 参考文献

佐藤博樹・石田浩・池田謙一、2000、『社会調査の公開データ ―2次分析への招待』東京大学出版会.

北川由紀彦・山口恵子、2019、『社会調査の基礎』放送大学教育振興会.

# 2　データの基礎集計(1)：変数の分布を記述する

石田光規

**《2章の目標》** 社会調査では、得られたデータを変数として扱い、分析に用いる。そこで、今回はまず、変数にはどのような性質があるのか学習する。それを踏まえ、それぞれの変数の分布の状態を記述する方法を解説する。
**《キーワード》** 変数、度数分布表、グラフ、ヒストグラム

## 1. 変数の種類

### (1) 変数とは？

社会調査ではさまざまな質問への回答をもとに、調査対象者の状態を多方面から特定していく。当然のことながら、各質問への回答は調査対象者に応じて異なる。たとえば、あなたがたまたま道で出会った100人の人々に「あなたの性別は何ですか」と尋ねれば、「男性」または「女性」といった回答が返ってくるだろう。同じように「年齢はいくつですか」と尋ねれば、15歳、47歳、80歳などと多様な回答が返ってくる。このように調査対象者によって状態や値が変化するものを**変数**（variable）と言う。

社会調査から得られたデータを分析する際には、ここに述べたような変数を用いる。たとえば、「日本は学歴社会か否か」という問いを立てたとしよう。この疑問を社会調査および統計分析を使って解き明かす場合にはいかなる方法があるだろうか。しばし考えてほしい。ひとつの方

法としては、日本に住む人々に調査を実施し、回答者の学歴（変数1）と年収（変数2）との関連を見るといったやり方が考えられる。そこで、「学歴の高い人ほど高い年収を得ている」という結果が出れば、日本は学歴の高い人ほど報われる社会、すなわち学歴社会だと結論づけられる。

さて、これらの変数には測定の水準に応じた区分が存在する。**図表2-1**はその区分を表している。

**図表2-1　変数の種類**

| | | |
|---|---|---|
| 変数 | 離散変数 | 順序づけ不能な離散変数 |
| | | 順序づけ可能な離散変数 |
| | 連続変数 | |

注：野村「社会を数字で捉える」（2010年）をもとに作成した

### 1）離散変数

**図表2－1**にあるように、変数は**離散変数**（discrete variable）と**連続変数**（continuous variable）に分けることができる。このうち離散変数は、対象を何らかの特性に応じて区別するため、測定値の境界線を明確にすることができる。もう少しわかりやすく言えば、測定値をカテゴリーに区分することができるのである。たとえば「性別」という変数は、「男性」と「女性」のカテゴリーに分けることができる。

この離散変数は、さらに、**順序づけ不能な離散変数**（nonorderable discrete variable）と**順序づけ可能な離散変数**（orderable discrete variable）に分けることができる。順序づけ不能な離散変数とは、文字通りカテゴリーの中に順序をつけられない離散変数である。性別や国籍、入信している宗教などは、特定のカテゴリーに分類できるものの、一般的には順序をつけることができない。

一方、順序づけ可能な離散変数は、カテゴリーではあるものの、その間で順序をつけることが可能である。たとえば「あなたの英語Ⅰの成績は何ですか」という質問に対して、「1. 優　2. 良　3. 可　4. 不可」という選択肢を用意したとしよう。この質問への回答は成績評価に応じたカテゴリーである。そのためカテゴリーの間で順序をつけることができる。社会調査においてたびたび見られる以下の形式の質問も同様の特徴をもつ。

問○　あなたは現在の生活にどの程度満足をしていますか。
1. 大変満足　2. やや満足　3. どちらとも言えない　4. やや不満
5. 不満

この質問は回答者の満足の度合いを順序カテゴリーで特定しているので、順序づけ可能な離散変数となる。

### 2）連続変数

連続変数は、対象の状態をその数量の大小や高低によって示す変数である。たとえば年齢や体重、一日に吸うたばこの量などがそれにあたる。つまり、連続変数はグラム（g）、センチメートル（cm）、年などの一定の単位によって対象の状態を示しているのである。また連続変数は、原理的に値をどこまでも細分化することが可能で、究極的には値の境界が存在しない。たとえば体重をキログラム（kg）で表すとすれば、小数点の何桁目まで表示するかにより値を際限なく細かく表すことができる。

これらの変数の区分は、後の章で学ぶ分析方法と密接に関連してくるので、ここでしっかりと身につけてもらいたい。

### 【コラム1】順序づけ可能な離散変数と連続変数

順序づけ可能な離散変数と連続変数は、しばしば混同して用いられる。特に多いのが、順序づけ可能な離散変数を連続変数と解釈するケースである。

たとえば、先ほど挙げた満足度について見てみよう。この質問は満足度を5段階で尋ねている。これを、「大変満足」を5点、「やや満足」を4点 「どちらとも言えない」を3点、「やや不満」を2点、「不満」を1点とし、連続変数として用いる場合も多い。満足度を○点という得点で表しているから連続変数というわけだ。

しかしながら、この質問を厳密に解釈すれば、これは順序づけ可能な離散変数である。というのも、この質問は回答者の主観的満足感の高低をカテゴリーに分類したものであり、満足の量を特定するものではないからだ。また、満足度の各点数間の間隔が一定であるという保証もない。このあたりの解釈の厳密さは研究者によっても異なるが、ひとまず覚えておいてほしい。

年齢などについても同様である。以下の質問を検討してみよう。

質問A：あなたは何歳ですか。　____歳
質問B：あなたは何歳ですか。
(1) 20～29歳　(2) 30～39歳　(3) 40～49歳

質問Aは対象者の状態を年数という量によって特定しているから連続変数である。一方、質問Bは対象者の状態を年齢のカテゴリーで特定しているため、順序づけ可能な離散変数となる。

**練習問題**

【例題 2.1】以下の質問により特定されるのはどのような変数か答えよ。

1）あなたの性別は何ですか。　　　　　（1. 男性　2. 女性）

2）あなたは本年度の社会学Ⅰのテストにおいて何点とりましたか。

（　　　）点

3）あなたはどのくらいの頻度で外食をしますか。

（1. ほぼ毎日　2. 週一度くらい　3. 月一度くらい　4. 年に数回）

4）あなたが最後に卒業した学校をお教えください。

（1, 中学校　2. 高等学校　3. 短大・高専　4. 大学　5. 大学院）

### （2）尺度

変数は、離散変数、連続変数といった区分ではなく、名義尺度、順序尺度、間隔尺度、比率尺度といった区分法を用いることもある。この分類も測定の水準に応じた区分であるため、離散変数、連続変数の分類とほぼ対応する。**図表 2－2** はその対応表である。

**図表 2－2　変数と尺度の対応**

| | | |
|---|---|---|
| 離散変数 | 順序づけ不能な離散変数 | 名義尺度 |
| | 順序づけ可能な離散変数 | 順序尺度 |
| 連続変数 | | 間隔尺度 |
| | | 比率尺度 |

このうち名義尺度と順序尺度は、それぞれ順序づけ不能な離散変数と順序づけ可能な離散変数に対応するので説明を省略する。連続変数については、間隔尺度と比率尺度に分かれているので若干説明を加えよう。この両者の違いは、一言でいえば、真のゼロ点があるか否かである。す

なわち、いずれの尺度も対象の状態をその量の大小、高低などによって示しているのだが、比率尺度には真のゼロ点が存在する。では、真のゼロ点とは何なのかというと、0＝特定の尺度に従ったものが存在しない状態を表している。たとえば、重さ0gということは重さがないことを表す。これは身長や年数も同様である。一方、気温は、℃などの単位に従って、その量の大小（高低）を示しているのだが、0℃が気温のなくなることを意味するわけではない。したがって、℃は対象の間隔を表すだけである。後者の特性を備えた尺度を間隔尺度と言い、前者の特性を備えた尺度を比率尺度と言う。

ちなみに比率尺度は、真のゼロ点が存在するゆえに値を倍数として比較することも可能である。たとえば、重さであれば1gと2gを比較して、後者が前者の2倍の重さであると言える。しかし、気温1℃と2℃を比較して、後者は前者の2倍の温かさだとは言えない。

本章以降の分析の解説では、順序づけ不能な離散変数、順序づけ可能な離散変数、連続変数といった区分を用いる。したがって、間隔尺度と比率尺度については特に区別しない。

## 2. 度数分布表の作成

### (1) 度数分布表

データを収集して最初に行うのが、得られたデータの特性の確認である。その際、作成するのが**度数分布表**（frequency distribution）である。度数分布表は、特定の変数について、各カテゴリーに属する人がどのくらいいるのかを明示する。カテゴリーごとの集計を行うため、この分析は離散変数に対して行う。以下では**図表2−3**をもとに度数分布表[1)]についてより詳しく解説していこう。

---

1) 図表2−3のように、度数と百分率が入った度数分布表を正確には百分率度数分布表と言う。

**図表２−３　度数分布表：育児から解放されたいと思った頻度**

| | 度　数 | 百分率（%） |
|---|---|---|
| まったくなかった | 53 | 18.0 |
| ごくまれにあった | 109 | 37.1 |
| ときどきあった | 91 | 31.0 |
| なんどもあった | 41 | 13.9 |
| 合　計 | 294 | 100 |

**図表２−３**は、千葉県松戸市で０歳児を育てている母親が、「育児から解放されたいと思ったこと」がどのくらいあったか尋ねた結果である[2)]。この表をもとに度数分布表について解説していこう。まず、度数の列はそれぞれのカテゴリーに該当するケース数を表している。この表で言えば、「育児から解放されたいと思ったこと」という質問に対して、「まったくなかった」と答えた人は53人、「ごくまれにあった」と答えた人は109人、「ときどきあった」と答えた人は91人、「なんどもあった」と答えた人は41人ということになる。合計は回答者の合計なので、53＋109＋91＋41＝294人となる。この数値から、松戸市に住む母親は、「育児から解放されたい」とまれに思った人が一番多かったことがわかる。

度数のデータだけでも、どのカテゴリーに人が集まっているかわかるのだが、これを他のデータと比較しようと考える場合には少し不便である。たとえば、Ｂ市（架空データ）で同様の調査を行い、「まったくなかった」130人、「ごくまれにあった」240人、「ときどきあった」150人、「なんどもあった」80人という回答が得られたとしよう。Ｂ市でも、育児から解放されたいとまれに思った人が一番多く、次いで、ときどきあった、まったくなかったと答えた人が多い。

では、松戸市とＢ市の分布はどのように異なるのだろうか。その際、度数を比較しただけでは、調査の回答人数が異なるため今ひとつわかり

2）調査の実施は2021年。

にくい。分布の細かな差異を探るために有効なのが相対度数である。

相対度数とは、全体の度数をきりのよい値（100や1000など）とした場合の、各カテゴリーの比を表すもので、なかでも最も良く利用されるのは、パーセント（%）の単位で表される「比率」である。比率は、各カテゴリーの度数を合計で割ることにより求められ、その値は小数点になるが（例．まったくなかった53÷合計294＝0.180）、それに100を掛けることによってパーセントとして扱うことができる（例．18.0%）。パーセントは百分率と呼ばれ、百分率によって各カテゴリーの度数を表したものを、百分率度数分布と言う。松戸市の場合、**図表2－3**を見ると、「まったくなかった」は18.0%、「ごくまれにあった」は37.1%、「ときどきあった」は31.0%、「なんどもあった」は13.9%である。B市についても同様の計算を行うと**図表2－4**のようになる。

**図表2－4　松戸市とB市の度数分布表**

| | 松戸市 | | B市 | |
|---|---|---|---|---|
| | 度　数 | 百分率（%） | 度　数 | 百分率（%） |
| まったくなかった | 53 | 18.0 | 130 | 21.7 |
| ごくまれにあった | 109 | 37.1 | 240 | 40.0 |
| ときどきあった | 91 | 31.0 | 150 | 25.0 |
| なんどもあった | 41 | 13.9 | 80 | 13.3 |
| 合　計 | 294 | 100 | 600 | 100 |

この表を見ると、B市は松戸市に比べ、「まったくなかった」および「ごくまれにあった」と答えた人が多く、「ときどきあった」と答えた人が少ないことがわかる。また、「なんどもあった」と答えた人はほとんど同じである。このように百分率を比較することで、単純に度数を比較するだけではわからない事実を発見することができる。

**練習問題**

【例題 2.2】 松戸市の同様の調査で、「子どもにあたってしまう」頻度を尋ねた質問への回答から度数分布表を作成し、「育児から解放されたい」頻度とどのように異なるか答えなさい。

回答の内訳は以下の通りである。「子どもにあたってしまう」ことが「まったくなかった」94 人、「ごくまれにあった」117 人、「ときどきあった」65 人、「なんどもあった」18 人。

### (2) 度数分布表の図示

度数分布表はグラフを用いて図示することができる。ことによっては図で示したほうが視覚的に強いインパクトを与えることができる。その方法は、順序づけ不能な離散変数であれば**棒グラフ**、順序づけ可能な離散変数であれば、**ヒストグラム**と**度数多角形**である。以下ではそれぞれについて概説しよう。

まず、棒グラフから説明しよう。棒グラフは、各カテゴリーの度数または百分率を縦に伸びた棒の長さで表している。棒グラフは、カテゴリーの間に順序づけがないことを想定しているので、それぞれの棒を隣接させずに描く。

**図表 2-5** は松戸市データを用いて、母親が働いているか否かを確認した棒グラフである[3)]。各カテゴリーの分布は百分率で表されている。グラフから、新生児の母親は働いていない人が多く、なかでも、産休・育休を取得している人が多いことがわかる。棒グラフは数値の大小を図を用いて視覚的に表すため、情報を見やすく集約することができる。

3)「そのほか」と回答した人は非常に少ないため、分析から除いている。

**図表２－５　母親の就業の有無についての棒グラフ（%）**

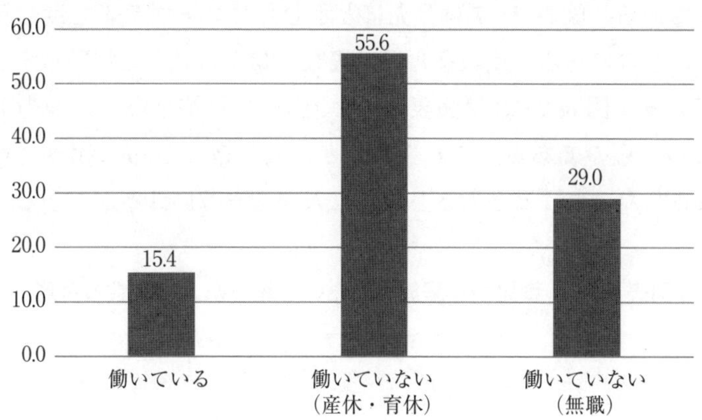


次に、ヒストグラムについて見てみよう。ヒストグラムも棒グラフと同様に各カテゴリーの度数または百分率を縦に伸びた棒の長さで表している。しかし、ヒストグラムは、それぞれのカテゴリーを表す棒が互いに隣接している。これはカテゴリー間に順序があることを示している。**図表２－６**はさきほどの松戸市の調査結果をヒストグラムを用いて表したものである。この図を見れば分かるように、ヒストグラムは棒グラフと異なり、互いの棒が隣接している。

**図表２－６　育児から解放されたいと思った人のヒストグラム（松戸市）**

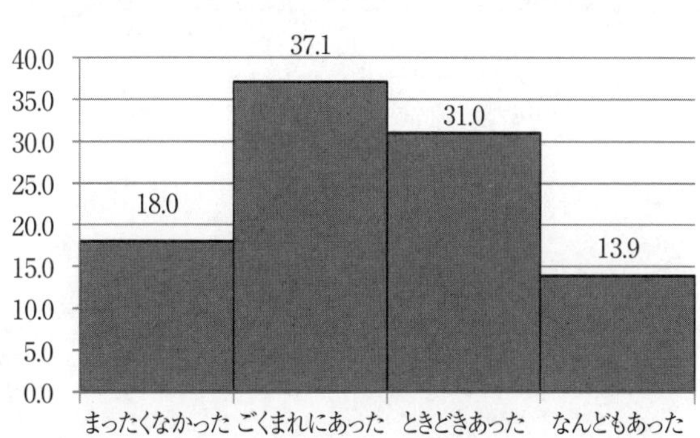

度数多角形は、各カテゴリーの百分率または度数を線で結び図示したグラフである。**図表２−７**は、先ほど示したヒストグラムを度数多角形で表したものである。度数多角形は複数の調査結果を比較提示するのに優れている。**図表２−８**は**図表２−４**で提示した結果をひとつのグラフにまとめたものである。これを見ると、松戸市はＢ市に比べ、育児から解放されたいと「ときどき」思った人がやや多いことがわかる。

**図表２−７　育児から解放されたいと思った人の度数多角形**

40.0
30.0
20.0
10.0
0.0
37.1
31.0
18.0
13.9
まったく なかった
ごくまれ にあった
ときどき あった
なんども あった

**図表２−８　松戸市とＢ市の比較**

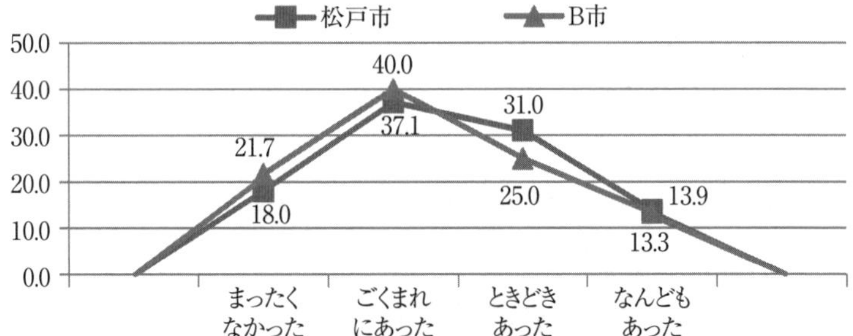

## 3. 累積度数分布表の作成

順序づけ可能な離散変数の度数分布表は、各カテゴリーの度数を累積して示すことができる。そのような表を**累積度数分布表**と言う。以下、具体的な例をもとに説明しよう。

**図表2-9**は、**図表2-3**に累積度数と累積百分率を加えた累積度数分布表である。表に示した累積度数は、ある値（カテゴリー）以下の度数の総和によって算出される。たとえば、「ごくまれにあった」カテゴリーの累積度数は「まったくなかった」の度数53と「ごくまれにあった」の度数109の合計の162となる。同様に「ときどきあった」カテゴリーの累積度数は、「53＋109＋91」で253となる。累積百分率も同様に、ある値（カテゴリー）以下の百分率の総和によって算出される。

累積度数分布表の優れている点は、各カテゴリーの相対的位置を示すことができることである。**図表2-9**の累積百分率を見ると、育児から解放されたいと「まったく」思わなかった人、「ごくまれに」ていどしか思わなかった人は55.1%である。したがって、松戸市に住む母親の過半数は、それほど多くの育児負担を感じていないことがわかる。

**図表2-9　累積度数分布の例**

| | 度　数 | 累積度数 | 百分率 | 累積百分率 |
|---|---|---|---|---|
| まったくなかった | 53 | 53 | 18.0 | 18.0 |
| ごくまれにあった | 109 | 162 | 37.1 | 55.1 |
| ときどきあった | 91 | 253 | 31.0 | 86.1 |
| なんどもあった | 41 | 294 | 13.9 | 100 |
| 合　計 | 294 | | 100 | |

この累積度数分布表も度数分布表と同様にグラフで表すことができる。**図表 2－10** がその一例である。累積度数分布図を使うと、各カテゴリーの位置づけについてより明瞭に示すことができる。また、度数多角形と同様に、複数の調査結果を比較提示するのにも優れている。

**図表 2－10　累積度数分布の例**

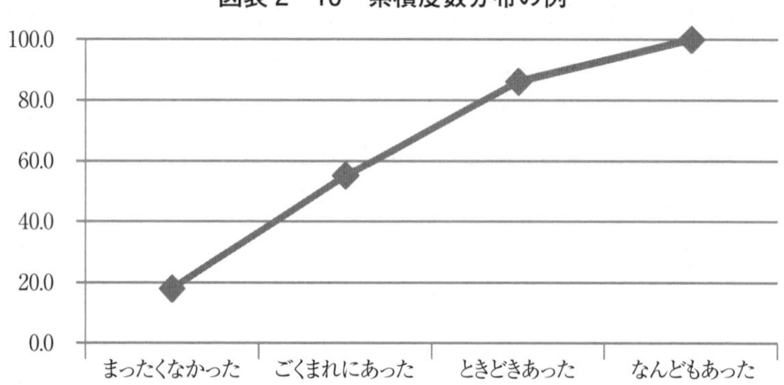


**練習問題**

【例題 2.3】例題 2.2 で作成した度数分布表からヒストグラム、度数多角形、累積度数分布表、累積度数分布図を作成しなさい。

**復習のポイント**

1. 質問紙を用いた調査から得られる変数にはどのような区分が存在するか。
2. 度数分布表、百分率度数分布表、累積度数分布表はどのようなものであり、どのように解釈をするのか。
3. 度数分布表を図示するにはどのような方法があるか。

## 参考文献

野村佳絵子「社会を数字で捉える」、津島昌寛・山口洋・田邉浩編『数学嫌いのための社会統計学』（法律文化社、2010 年、3－17）

# 3 データの基礎集計(2)：分布の中心、散らばりを測定する

石田光規

**《3章の目標》** この章では、度数分布を統計量を用いて記述する方法を学ぶ。まず、変数の分布の中心を表す代表値（最頻値、中央値、平均値）について学習し、次に、分布の散らばり具合を表す分散、標準偏差について学習する。最後に、分布における固有の観測値の位置を表す $z$ 得点について理解する。
**《キーワード》** 代表値、最頻値、中央値、平均値、分散、標準偏差、分位数、$z$ 得点

## 1. 分布の中心を表す代表値

離散変数であれ連続変数であれ、変数には固有の分布が存在する。「性別」変数であれば、男性が○人、女性が△人といった分布があり、「身長」変数であればＡさんは××cm、Ｂさんは□□cmといった分布がある。その変数の中で中心または典型となる値を示したのが代表値である。本節では代表値として用いられることの多い**最頻値**（mode）、**中央値**（median）、**平均値**（mean）について学習しよう。

### （1）最頻値

最頻値とは、読んで字のごとく、ある変数の中で最も観測される頻度が高い値のことを指す。**図表3-1**を見てほしい。

この表は、松戸市調査における最終学歴に関する質問の度数分布である。これを見ると、最終学歴については「大学」と回答した人が一番多

いことがわかる。したがって、最頻値は「大学」となる。

図表３－１　最終学歴の度数分布

| | 度数 | 百分率(%) |
|---|---|---|
| 中学校 | 5 | 1.7 |
| 高校 | 35 | 11.9 |
| 短大・高専 | 97 | 33.0 |
| 大学 | 151 | 51.4 |
| 大学院 | 6 | 2.0 |
| 合計 | 294 | 100 |

最頻値は、連続変数について求めることも可能なものの、離散変数の分析で用いることが多い。というのも、理論的に、得られた値をどこまでも細分化できる連続変数では、最頻値の解釈が難しいからだ。

また、最頻値を求める際に、度数がほぼ同じ値が複数現れる場合もある。そうしたときに、最頻値は分布の中心をうまく表現できない。その場合、解釈には慎重を期す必要がある。

### （２）中央値

中央値は観測された値を大きさの順番に並べ、ちょうど真ん中にくる値を指す。これについても、簡単な例を用いて説明しよう。**図表３－２**は２つのクラスにおける親しい友人数の架空データである。

図表３－２　２つのクラスの友人数（架空データ）

| | 1(番目) | 2 | 3 | 4 | 5 | 6 | 7 | 8 | 9 | 10 |
|---|---|---|---|---|---|---|---|---|---|---|
| Aクラス(9人) | 1 | 2 | 5 | 7 | 8 | 10 | 14 | 18 | 25 | |
| Bクラス(10人) | 1 | 3 | 8 | 9 | 15 | 16 | 20 | 23 | 24 | 31 |

Aクラスは合計9人いる。このクラスにおける友人数の中央値は、順番としてちょうど真ん中、つまり5番目にくる人の値となる。したがって、中央値は8である。一方、Bクラスは全員で10人のため、ちょうど真ん中の位置にくる人がいない。こうしたケースでは、真ん中にくる2人の値の中間、つまり5番目と6番目の人の中間の値をとる。したがって、中央値は（15＋16)/2＝15.5となる。中央値は値を大きさの順番に並べる必要があるため、順序づけ可能な離散変数および連続変数についてのみ算出可能である。

## 練習問題

【例題3.1】**図表3－3**から最頻値を、**図表3－4**から中央値を求めなさい。なお、**図表3－4**は友人数の順番には並んでいない。

**図表3－3　松戸市の0歳児の母親の就業形態**

| | 度数 | 百分率(%) |
|---|---|---|
| 自営業・自営業手伝い | 7 | 2.4 |
| 正規雇用 | 22 | 7.5 |
| 非正規雇用 | 16 | 5.4 |
| 仕事をしていない（産休、育休） | 163 | 55.4 |
| 仕事をしていない（無職） | 85 | 28.9 |
| そのほか | 1 | 0.3 |
| 合計 | 294 | 100 |

**図表3－4　Cクラスの友人（架空データ）**

| Cクラス（9人） | 4 | 8 | 3 | 2 | 10 | 5 | 2 | 6 | 13 |
|---|---|---|---|---|---|---|---|---|---|

### (3) 平均値

平均値はおそらく多くの人になじみ深い統計量ではないだろうか。平均値は、観測された値の総和を値の総個数で割ることにより求められる。そのため、中央値と異なり、観測されたすべての値の情報を取り込むことができる。

**図表3-2**のAクラスで言うと、観測された値とは、それぞれの人々の友人数であり、値の総個数とは提示された値の数である。ここでは9人分の友人数が提示されているので9となる。したがって、平均値は、以下のように算出される。

1) 観測された値の総和：1+2+5+7+8+10+14+18+25=90

2) 提示された値の数：9

3) 平均値：90/9 = 10

平均値を数式で表すと以下のようになる。$\overline{Y}$（ワイバー）は平均値、$Y$は個別の観測値を表す。また、$n$は総個数を表している。それ以外の記号（Σと$i$）については別途説明を要するので、後のコラムにて解説する。

$$\overline{Y} = \frac{\sum_{i=1}^{n} Y_i}{n} \qquad \text{(式 3.1)}$$

**練習問題**

【例題 3.2】**図表3-2**からBクラスの友人数の平均値を求めなさい。

### (4) データの「重心」

個々の観測値から平均値を差し引いた値を**偏差**と呼ぶ。平均値には、平均値よりも値の低い個体の偏差の合計と、平均値より値の高い個体の偏差の合計を足し合わせると0になるという特性がある。**図表3-5**は、Aクラスにいる人たちの友人数と偏差をまとめたものである。

**図表3-5　Aクラスの友人数と平均値との差（架空データ）**

| | 1 | 2 | 3 | 4 | 5 | 6 | 7 | 8 | 9 |
|---|---|---|---|---|---|---|---|---|---|
| Aクラスの友人 | 1 | 2 | 5 | 7 | 8 | 10 | 14 | 18 | 25 |
| 偏差 | −9 | −8 | −5 | −3 | −2 | 0 | 4 | 8 | 15 |

平均値よりも友人の数が少ないのは、5番目までである。5番目までの偏差の合計は、−9+−8+−5+−3+−2で−27となる。一方、平均値よりも友人の数が多い7番目以降の人の偏差の合計は、4+8+15で27となる。平均値よりも値の低い個体の偏差の合計（−27）と、平均値より値の高い個体の偏差の合計（27）を足し合わせると0になる。平均値は、平均よりも低い値の偏差の合計と高い値の偏差の合計が釣り合う数値を示す。この特性ゆえに、平均値はデータの「重心」と言われている。

### (5) 平均値の注意点

平均値を扱うにはいくつかの注意点がある。第一の注意点は、平均値は算出にあたり、値を足す、割るといった計算が必要となるため、連続変数においてしか求めることができない[1)]、ということだ。第二の注意点は外れ値（極端な値）の問題である。平均値は全部の値を足し合わせ

1) ただし、カテゴリーデータの比率も平均のひとつであることは覚えておいてほしい。たとえば、ある授業における社会学専攻の学生の比率を求めるとしよう。このときに社会学専攻の学生を1、その他の専攻の学生を0として、その平均を算出すると、社会学専攻の学生の比率を求めることができる。

るため、外れ値の影響を受けやすい。たとえば、A クラスのデータに友人数 110 人の人が入ると平均値は 20 と一挙に高くなる。したがって、データの中に外れ値があるときは注意をしなければならない。値の高い方／低い方に観測値が密集するといったように、分布に歪みがある場合には平均値よりも中央値を用いた方が分布の中心を正確に捉えられるケースも存在する。

たとえば貯蓄について考えてみよう。総務省の「家計調査報告」によると、2018 年の二人以上世帯の平均貯蓄額は 1752 万円になる。一方、貯蓄額の中央値は 1036 万円である。この数値のどちらが、私たちの皮膚感覚にあっているだろうか。おそらく中央値のほうであろう。

先ほど述べたように、平均値は外れ値の影響を受けやすい。貯蓄額の平均値は、億単位の収入を稼ぐ経営者やスポーツ選手など突出した収入を得ている人の影響を受けやすい。それゆえ、多くの人の実感から離れたものになりやすいのである。中央値は外れ値の影響を受けにくいので、人々の実感に近い数値となる。

### 【コラム2】 Σ（シグマ）と下付き文字 $i$

平均値の算出の際にΣ(シグマ)や$i$といった記号を用いた。これらは、今後も何回か登場するためここで解説しておこう。

シグマとは、指定された範囲の値を合計することを表す総和記号であり、$i$は調査対象者の通し番号である。下の数式3.2を見てほしい。

$$\sum_{i=1}^{n} Y_i = Y_1 + Y_2 + \cdots + Y_n \quad \text{(式 3.2)}$$

この式の左辺（左側）は平均値を算出する際の分子と同じである。ここでシグマの下にある$i$=○は通し番号の下限、上は通し番号の上限を表す。$n$は通し番号の最後までというのを表すので、上述の式は1番目（$i$=1だから）から最後（$n$）の人まで値$Y$について合計することを表す。

**図表3－6　Aクラスの友人数**

| | 1(番目) | 2 | 3 | 4 | 5 | 6 | 7 | 8 | 9 |
|---|---|---|---|---|---|---|---|---|---|
| Aクラス(9人) | 1 | 2 | 5 | 7 | 8 | 10 | 14 | 18 | 25 |

ここでもう一度、Aクラスの人々の友人数について、数式3.2の計算をしてみると、以下のようになる。

$$\sum_{i=1}^{n} Y_i = 1+2+5+7+8+10+14+18+25$$

これが仮に、$i$=3で$n$が6になると3番目の人から6番目の人までの友人数を足し合わせることになる。数式で表すと以下の通りである。

$$\sum_{i=3}^{6} Y_i = 5+7+8+10 = 30$$

統計学は記号を用いることで、さまざまな数式を簡略化している。慣れるまでは苦労すると思うが、そのつど、しっかりと学んでほしい。

## 2. 分布の散らばりを表す散布度

### (1) 分散

連続変数の散らばりを算出する際に、最もよく用いられる統計量が**分散**（variance）と**標準偏差**（standard deviation）である[2)]。これらはいずれも、得られたデータが平均値からどれほど離れているか、という視点で散らばりを測定する。すなわち、平均から離れたデータが多いほど散らばりは大きいと見なされ、平均に近いデータが多いほど散らばりは小さいと見なされる。分散、標準偏差を算出する際には、先ほど説明した偏差を用いる。

まず分散（$s_Y^2$）の計算式から見ていこう。

$$s_Y^2 = \frac{\sum_{i=1}^{n}(Y_i - \overline{Y})^2}{n-1} \quad （式 3.3）$$

最初に注目してほしいのが分散の数式の分子である。分子の（　）内の式は、各ケースの偏差（平均値からどれほど離れているか）である。偏差の二乗を足し合わせ、$n-1$ で割ったものが分散になる。

偏差を二乗するのは、以下の理由による。データの重心を表すという平均値の性質により、偏差の合計は 0 になる。そうすると、得られたデータのバラツキを測定することができない。このような事態を回避するために、偏差を二乗するのである。また、分母を $n$ ではなく $n-1$ とするのは、社会調査における標本データを想定しているからだ。これについては、5 章の解説を見て欲しい。

2) 離散変数の散らばりを算出する際に用いられる指数も存在する。多様性指数（D）と質的変動指数（IQV）である。これについては、ボーンシュテット＆ノーキ（1988 = 1990）を参照されたい。

図表3−7　Bクラスの友人数に関するデータ

| | 1 | 2 | 3 | 4 | 5 | 6 | 7 | 8 | 9 | 10 |
|---|---|---|---|---|---|---|---|---|---|---|
| Bクラスの友人（$Y_i$） | 1 | 3 | 8 | 9 | 15 | 16 | 20 | 23 | 24 | 31 |
| 平均値 | 15 | 15 | 15 | 15 | 15 | 15 | 15 | 15 | 15 | 15 |
| 偏差 | −14 | −12 | −7 | −6 | 0 | 1 | 5 | 8 | 9 | 16 |
| 偏差二乗 | 196 | 144 | 49 | 36 | 0 | 1 | 25 | 64 | 81 | 256 |

**図表3−7**は、先ほど使ったBクラスの友人数に関するデータの平均値、偏差、偏差の二乗をまとめたものである。数式3.3にしたがって分散を計算すると、以下のようになる。

$$(196+144+49+36+0+1+25+64+81+256)/(10-1)=94.667$$

### （2）標準偏差

式を見ればわかるように、分散は平均からの距離を二乗している。これを元の実測単位に戻すためには、分散の正の平方根をとればよい。このようにして求めた統計量が標準偏差（$s_Y$）であり、数式は式3.4の通りである。ちなみに、**図表3−7**の標準偏差は9.73になる。

$$s_Y = \sqrt{s_Y^2} = \sqrt{\frac{\sum_{i=1}^{n}(Y_i - \overline{Y})^2}{n-1}} \quad \text{（式 3.4）}$$

標準偏差を算出すると、それぞれの値が平均値からどの程度離れているのか、ということについての標準的な値（平均値）を得ることができる。この値を用いれば、ある分布を示すデータにおいて個別の値がどこに位置するのか計算することができる。これについては次節で解説する。

**練習問題**

【例題 3.3】**図表 3－8** から A クラスの友人数の分散と標準偏差を求めなさい。

**図表 3－8　A クラスの友人数に関するデータ**

| | 1 | 2 | 3 | 4 | 5 | 6 | 7 | 8 | 9 |
|---|---|---|---|---|---|---|---|---|---|
| A クラスの友人($Y_i$) | 1 | 2 | 5 | 7 | 8 | 10 | 14 | 18 | 25 |
| 平均値 | 10 | 10 | 10 | 10 | 10 | 10 | 10 | 10 | 10 |
| 偏差 | －9 | －8 | －5 | －3 | －2 | 0 | 4 | 8 | 15 |
| 偏差二乗 | 81 | 64 | 25 | 9 | 4 | 0 | 16 | 64 | 225 |

## 3. 分布における位置を表す

### （1）パーセンタイル

「分布における位置を表す」とは、ある変数の特定の値が、当該変数の分布のどこに位置するかを示すことを意味する。パーセンタイルと分位数は分布における特定の位置を占める値を表す。

まず、パーセンタイルについて説明しよう。パーセンタイルとは、計測値を小さい方から順に並べ、指定したパーセントの位置にある値のことを指す。

たとえば、テストの点数における 60 パーセンタイルの値とは、テストの点数を低い人から順に数え、60% に位置する人の点数を指す。つまり、パーセント（百分率）を用いた場合の各ケースの位置を示しているのである。

パーセンタイルを求める簡単な方法は累積度数分布表を出すことにより、当該の地点を探し当てることである。しかしながら、より厳密な方法もある。これについては、本書で扱う範囲を超えるので、ボーンシュテット、G.W. & D. ノーキ（1988 = 1990）を参照されたい。

### （2）分位数

観測値を4グループ、すなわち25%ずつに分割する値を四分位数という。全体の25%、50%、75%に位置する値は、それぞれ第1四分位数、中央値、第3四分位数と呼ばれている。第1四分位数、第3四分位数は中央値を起点に、そこからさらに中央値を算出することで求められる。具体例をもとに説明しよう。

**図表3-9**はA'クラスの友人数である。転校生が二人来たために、人数が11人に増えている。転入生は学校に通い出して日が浅いため、友人の数は比較的少ないようだ。図表には、友人数の中央値、第1四分位数、第3四分位数を網掛けで示している。

中央値はちょうど真ん中にくる6番目の値、7である。第1四分位数は1番目から5番目のなかで真ん中にくる数値、すなわち、3番目の数値4になる。第3四分位数は、7番目から11番目のなかで真ん中にくる数値、すなわち、9番目の数値14になる[3]。

**図表3-9　A' クラスの友人数の中央値、第1四分位数、第3四分位数**

| | 1（番目） | 2 | 3 | 4 | 5 | 6 | 7 | 8 | 9 | 10 | 11 |
|---|---|---|---|---|---|---|---|---|---|---|---|
| A' クラス（11人） | 1 | 2 | 4 | 5 | 6 | 7 | 8 | 10 | 14 | 18 | 25 |

Bクラスの友人数のように、値の個数が偶数の場合、中央値を算出する際には、先に示したように、真ん中に来る2つの値の平均をとる。すなわち、中央値は15.5である。第1四分位数、第3四分位数を算出する際には、値を2つに分け、その中の中央値を第1四分位数、第3四分

3）値の数が奇数のケースで第1四分位数と第3四分位数を算出する際には、中央値を含めて算出する方法もある。図表3-9の場合、1番目から6番目の中央値を第1四分位数、6番目から11番目の中央値を第3四分位数とする算出方法である。

位数とする。**図表3－2**のBクラスの場合には、第1四分位数は1番目から5番目のなかで真ん中にくる数値（3番目＝8)、第3四分位数は、6番目から10番目のなかで真ん中にくる数値（8番目＝23）となる。

また、第3四分位数から第1四分位数を差し引いたものを四分位範囲と呼ぶ。A' クラスの四分位範囲は、14から4を引いて10となる。四分位範囲も散らばりを表す統計量のひとつである。

### （3）標準得点

連続変数で分布における位置を表す場合には、平均値と標準偏差に基づく別の指標がある。というのも特定の値の位置づけは、平均値や標準偏差に応じて異なると考えられるからだ。たとえば、英語と数学のテストでともに70点をとったとしよう。この場合の70点が分布の同じところに位置するとは限らない。仮に英語のテストの平均点が80点で数学のテストの平均点が60点であれば、両者の位置は異なってくるであろう。また、英語と数学のテストの平均点がほぼ同じだったとしても、英語の点数はばらつきが多く、数学の点数はばらつきが少ない場合にも両者の位置づけは異なる。

そうした場合に、互いの得点を標準化すれば、それぞれの位置を比較することができる。この平均やばらつきの違いを考慮して算出された得点が**標準得点**（standard score）すなわち***z*得点**である。算出方法は以下の通りである。

$$z_i = \frac{(Y_i - \overline{Y})}{s_Y} \quad \text{（式 3.5）}$$

$z$ 得点に変換した値の分布は、どんなものでも平均値は0、標準偏差は1となる。また元の値が平均値より高い場合に $z$ 得点は正の値をとり、低い場合には負の値をとる。$z$ 得点を使うことによって、平均値や分散が異なる分布における個別の値の位置づけを相対的に確認することができる。また、元の値を $z$ 得点に変換することを**標準化**という。

**図表3－10　A’クラスとBクラスで友人が8人いる人の $z$ 得点**

| | 値 | 平均値 | 標準偏差 | 計算式 | $z$ 得点 |
|---|---|---|---|---|---|
| A'クラス | 8 | 9.09 | 7.29 | (8－9.09)/7.29 | －0.15 |
| Bクラス | 8 | 15 | 9.73 | (8－15)/9.73 | －0.72 |

**図表3－10**は、A’クラスとBクラスで友人が8人いる人の相対的な位置づけを、$z$ 得点で示している。友人数は同じでも平均値に近いA’クラスの人の $z$ 得点は、－0.15と0にかなり近い。一方、Bクラスについては、友人数の平均値が15とかなり大きいため、友人が8人の人の $z$ 得点は－0.72となり、0よりもかなり下の数値になる。

**練習問題**

【例題3.4】Bクラスで友人数が20人の人の $z$ 得点を算出しなさい。

**復習のポイント**

1. 分布の中心を記述する3つの代表値を学習する。
2. 連続変数の分布の散らばりを表す分散および標準偏差について学習する。
3. 分布における位置づけを表すパーセンタイル、分位数、$Z$ 得点について学習する。

## 参考文献

Bohrnstedt, George W., and David, Knoke, 1988, *Statistics for Social Data Analysis 2nd edition*, F. E. Peacock Publisher, Inc.（＝1990、海野道郎・中村隆監訳『社会統計学——社会調査のためのデータ分析入門』ハーベスト社）

# 4 標本に基づく推測統計(1)：標本抽出と標本分布

林 拓也

**《4章の目標》**標本調査から得られたデータが，その標本の抽出元である母集団における値（母数）とどのような関係にあるかを学ぶ。標本平均・標本比率といった統計量の分布（標本分布）と，それが特定の確率分布（正規分布など）に近似することを解説する。

**《キーワード》**母集団と標本、標本分布、正規分布、$t$ 分布

## 1. 標本抽出と標本分布

### (1) 母集団と標本

社会調査に基づくデータから計算された比率や平均などは、その調査に回答した人々の実態を表している。ただし、社会調査の結果は、その回答者の範囲のみで解釈が限られることは少なく、その結果をもとに、より広い範囲の人々の実態を反映していると解釈されるのが一般的である。たとえば、関西地区1200世帯を対象としたテレビ視聴率の調査[1)]は、それをもとにその地域における全世帯の傾向を示すものと推測される。このように、ある調査が実施される際には、(a) どのような範囲の対象を想定するかをあらかじめ定めておきつつ、(b) 実際の調査はその中から一部を取り出してデータを収集する。(a) の集合体全体は**母集団**（population）と呼ばれ、そこから抽出される（b）の調査対象は**標本**（または**サンプル** sample）と呼ばれる。視聴率調査の例では、推測する対

1) ビデオリサーチ社のサイト（https://www.videor.co.jp/service/media-data/tvrating.html）より。

象地域の全世帯が「母集団」で、そこから抽出され、実際に調査される 1200 世帯が「標本」にあたる。

母集団と標本の関係について整理すると（第 1 章・**図表 1－4**）、まず第一に、母集団に含まれる人々の一部を、調査対象の標本として取り出すことが挙げられる。この手続きのことを**標本抽出**（または**サンプリング** sampling）と言う。標本のデータに基づいて母集団の実態を推測する場合、その標本は母集団を構成する人々から偏りなく抽出されていることが前提である。たとえば、テレビ視聴率を推測する対象の母集団（ある地域の全世帯）において核家族世帯の占める比率が 60％であるならば、実際に調査を行う標本（抽出される 1200 世帯）の核家族世帯比率も 60％となっていることが期待される。そのためには、母集団のメンバー全員が、標本として抽出される確率が等しいという条件のもとで行われる無作為抽出（ランダム・サンプリング）が最も望ましい[2)]。そして第二に、標本を対象として実施した調査から得られたデータをもとに分析を実行し、その結果から母集団の実態を統計的に推測すること（推測統計）が挙げられる。その推測の方法として、母集団における変数の値を特定する**推定**（estimation）と、ある仮説を設定した上で、それが適合するかどうかを判定する**検定**（testing）がある。これらの具体的な手順は、第 5 章（統計的推定）と第 6 章（統計的検定）で詳しく扱うこととし、本章ではそれらに先立ち必要とされる知識について解説する。

### （2）母数と標本統計量

推測統計における前提は、母集団における比率や平均などが、ただひとつの値としてすでに定まっていることであり、この値のことを**母数**（parameter）と言う。またそれぞれの値の種類に応じて、母比率・母平均・母分散などと呼ばれる（以下参照）。

2）無作為抽出のための方法について、詳しくは社会調査法の参考書（北川・山口『社会調査の基礎』（2019 年）など）を参照されたい。

| | 数式中の表記（読み） | 対応する標本統計量 |
|---|---|---|
| 母比率 | $\pi$（パイ） | 標本比率 $p$ |
| 母平均 | $\mu$（ミュー） | 標本平均 $\bar{Y}$ |
| 母分散 | $\sigma^2$（シグマ二乗） | 標本分散 $s^2$ |

これに対して、標本における値は**標本統計量**（sample statistic）と言い、種類に応じて標本比率・標本平均・標本分散などと呼ばれる。視聴率調査の例では、地域の全世帯における視聴率が母数（母比率）であり、これを推測するために実際に調査を行った標本1200世帯における視聴率が標本統計量（標本比率）に相当する。

母数が定まったひとつの値であるのに対し、標本統計量は母集団から標本を抽出するごとに異なる可能性がある。たとえば、白玉30個と赤玉70個、あわせて100個の玉を母集団と想定する。この場合、白玉の母比率 $\pi=0.3$（30%）である。これらが入っているカゴの中から10個の玉を標本として取り出した場合、白玉の標本比率 $p$ は、

{白×10個、赤×0個} →標本比率＝1（100%）
{白×9個、赤×1個}　→標本比率＝0.9（90%）
：
{白×3個、赤×7個}　→標本比率＝0.3（30%）
：
{白×0個、赤×10個} →標本比率＝0（0%）

のように、標本比率が異なるパターンが考えられる。

同じように、トランプカードのスペード13枚を母集団と想定し、その数値の平均を求めると、$(1+2+3+....+13)\div 13=7$ となる。つまり、

母平均 $\mu=7$ である。この母集団から4枚のカードを標本として抽出した場合、その標本平均 $\bar{Y}$ は、

$\{1, 2, 3, 4\}$ のカード　→標本平均＝2.5
$\{1, 3, 5, 7\}$ のカード　→標本平均＝4
$\{5, 6, 8, 9\}$ のカード　→標本平均＝7
$\{7, 9, 11, 13\}$ のカード →標本平均＝10
　　　：

などのように、さまざまに異なる結果が得られるだろう。

このことが意味する重要な事実は、「標本統計量は必ずしも母数と一致するとは限らない」ということである。言い換えると、標本を繰り返し抽出して得られる標本統計量は、母数からの「誤差」をともないつつ分布する。そのため、標本統計量から母数を推測する場合には、このような「誤差」を考慮に入れる必要がある。

## 2. 標本分布

### （1）標本平均の分布

先述のように、同じ母集団から抽出した標本であっても、標本に含まれる個体の組み合わせによって、標本統計量はさまざまな値をとる。その値の分布のことを、**標本分布**（sampling distribution）と呼ぶ[3)]。値の分布について、前章までで扱っていたのは「標本に含まれる個体の分布」である。たとえば**図表4－1**で示すような、個々人がもつ友人数の分布がこれに相当し、標本①（前章の**図表3－2**「Aクラス」）の場合は、友人数1が度数1、友人数2も度数1、････ といった分布である。これに対し、本章で扱う「標本分布」とは、同じ母集団から抽出された標本ご

3) 標本を繰り返し抽出したときに得られる分布であることから、「標本抽出分布」や「サンプリング分布」と呼ぶこともある（南風原 2002、轟・杉野 2010）

とに得られる統計量の分布で、この場合は標本平均 10.00（標本①の場合)、2.89（標本②の場合)、12.00（標本③の場合）・・・・といった分布である。

**図表 4－1　友人数に関する個体の分布と標本平均（架空データ）**

| 友人数 | 母集団 | ➡ | 標本① | 標本② | 標本③ | ・・・・ |
|---|---|---|---|---|---|---|
| 1 | 2 | | 1 | 2 | | |
| 2 | 3 | | 1 | 3 | 1 | |
| 3 | 2 | | | 2 | | |
| 5 | 1 | | 1 | 1 | | |
| 7 | 1 | | 1 | 1 | 1 | |
| 8 | 2 | | 1 | | 1 | |
| 9 | 1 | | | | | |
| 10 | 4 | | 1 | | 1 | |
| 13 | 1 | | | | 1 | |
| 14 | 1 | | 1 | | 1 | |
| 15 | 3 | | | | 2 | |
| 18 | 2 | | 1 | | | |
| 19 | 1 | | | | | |
| 21 | 1 | | | | | |
| 23 | 1 | | | | | |
| 24 | 2 | | | | 1 | |
| 25 | 2 | | 1 | | | |
| 計 | 30 | | 9 | 9 | 9 | |
| 平均 | 12.00 | | 10.00 | 2.89 | 12.00 | ・・・・ |

これらの標本（各 9 人）が、**図表 4－1** の左に示す 30 人の母集団から抽出されたものと想定する。このとき、母集団に含まれる個人を組み合わせて 9 人の標本を構成するとしたら、その組み合わせ可能数は、

${}_{30}C_9$ = 14,307,150 通りにものぼる。つまり、その数の分だけ標本平均が得られるということになる。それらすべての標本平均の分布を、度数多角形（3 章）で表したのが**図表 4－2**である。

**図表 4－2　友人数に関する標本平均の分布**

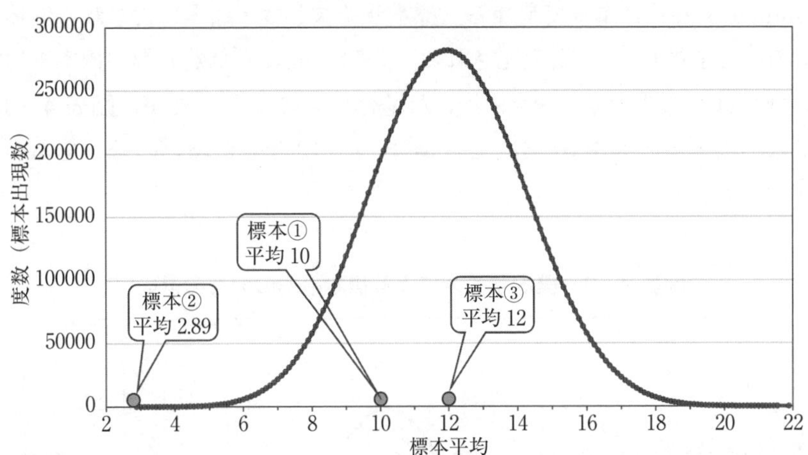


標本平均の分布の形状は、左右対称で中央部分の出現度数が高い、なだらかなベル型を示す。このような分布形は、母集団における個体の分布がどのような形状であっても共通する。この分布に関する重要な特性として挙げられるのは、分布の平均（「標本平均」の平均）が母平均と一致することである。この例で言うと、全 14,307,150 パターンの「標本平均」の平均は "12" であり、標本を抽出した母集団を構成する 30 人の母平均 $\mu$ と完全に一致する。また、標本平均が "12" である標本は（標本③を含めて）全部で 281,722 通りにのぼり、他のどの平均の標本よりも出現数が多いこと（最頻値）、標本分布における中央値も "12" である

ことから、数ある標本平均の中で最も典型的な値は、母平均に相当する値と言える。

### （2）標本サイズによる違い

同じ母集団に基づく標本分布でも、その分布の形は**標本サイズ**（sample size）によって異なる。標本サイズとは、標本に含まれる個体数のことを指し、"$n$"と表記される（3章）。先にみた友人数の標本平均の分布は、標本サイズ $n=9$ とした場合のものであったが、**図表4－3**では、標本サイズを $n=6$ とした場合、$n=12$ とした場合の分布をあわせて示す。

**図表4－3　標本サイズによる標本平均の分布の違い**

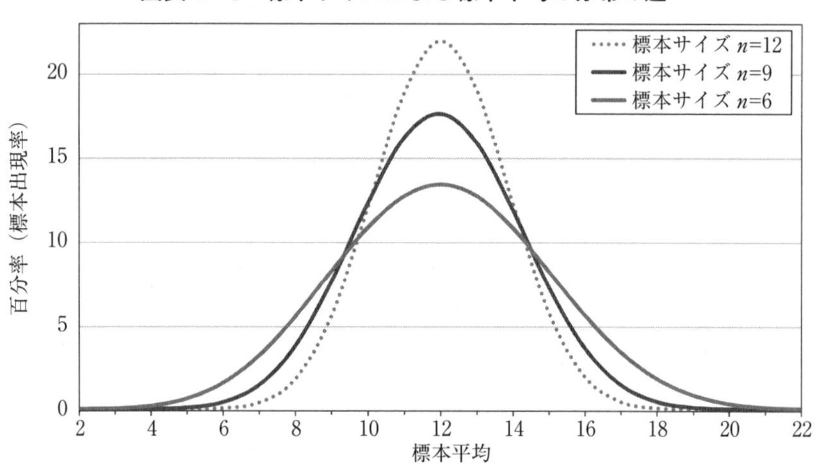


このように、標本サイズが小さい（個体数が少ない）場合は、標本平均は広い範囲に分布し、それが大きくなるにつれて分布の範囲が狭まっていく。いずれの場合でも、分布における平均（標本平均の平均）は

12 で変わりないが、分布における分散・標準偏差（標本平均の分散・標準偏差）が異なるということである。標本を抽出した母集団における真の値、すなわち母平均の推定（詳しくは 5 章）という観点から考えると、この分布の散らばりは小さい方が望ましい。なぜなら、母平均から大きく外れた標本平均が存在することは、推定誤差が大きいことを意味するので、そのような標本を得る可能性はできるだけ低く抑えるに越したことはないからである。たとえば、母平均に比較的近い 11 ～ 13 の範囲（± 1 の誤差）に標本平均が出現する確率は、$n=6$ の場合は 26.4%、$n=9$ の場合は 34.3%、$n=12$ の場合は 42.2% という違いがある。

### （3）標本比率の分布

平均以外の標本統計量として、標本比率に着目してみよう。**図表 4-4** は、母比率 $\pi=0.3$（30%）から抽出された標本の比率の分布について、2 種類の標本サイズを設定した上で示したものである。左図（a）は標本サイズ $n=10$ とした場合の標本比率の分布で、離散的な形状をもつ分布である。一方、右図（b）は標本サイズ $n=100$ とした場合の標本比率の分布で、先にみた標本平均の分布のように、なだらかなベル型の形状を示す。このように、標本比率の分布は、標本サイズが大きくなるにつれ、次第に標本平均の分布に近似することが知られている。

また、標本サイズが大きいと、母比率に近い値をもつ（誤差が小さい）標本が多く出現するという点も、標本平均の分布の場合と共通する特性である。具体的に、母比率 ± 10 ポイント（20% ～ 40%）の範囲に標本比率が出現する確率は、$n=10$ の場合は 70% であるのに対し、$n=50$ の場合は 91.2% にものぼる。

図表４－４　標本比率の分布

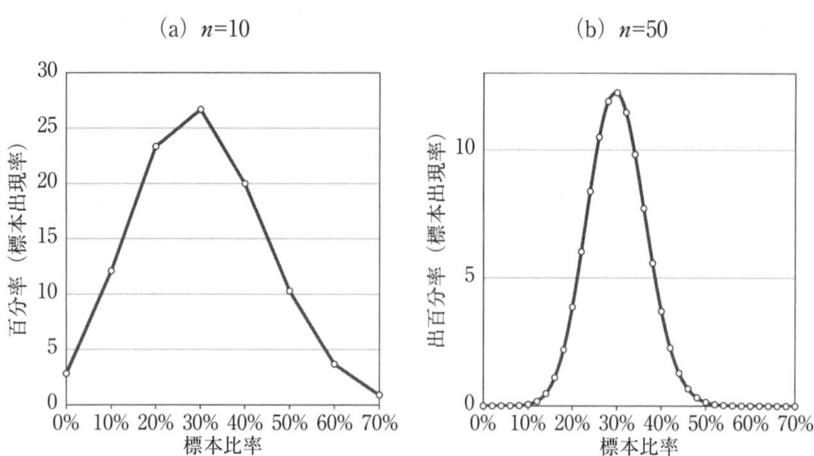


# 3. 理論的確率分布への近似

## （1）正規分布

ある値の発生を確率で表すことのできる事象のことを「確率変数」と言い、特定の値と発生確率との対応関係を表す分布は「確率分布」と呼ばれる。標本分布も確率分布の一種であり、それは母集団における個体の分布と母集団から抽出される標本サイズに基づいて、経験的に導かれるものである。他方で、確率分布の中には理論的に導かれるものもある。標本サイズが大きい場合、標本平均や標本比率の分布は、**正規分布**（normal distribution）と呼ばれる理論的確率分布に近似することが知られている。

正規分布の形状を表す曲線は、以下のような「確率密度関数」と呼ばれる式で表される。

$$f(x)=\frac{1}{\sqrt{2\pi\sigma^2}}e^{-(x-\mu)^2/2\sigma^2} \qquad (\text{式 } 4.1)$$

なお、$x$ は標本統計量、$\mu$ は母平均、$\sigma^2$ は母分散、$\pi$ は円周率（3.14159...）、$e$ は自然対数の底（2.71828...）である。

**図表４−５　正規分布における標本の出現範囲**

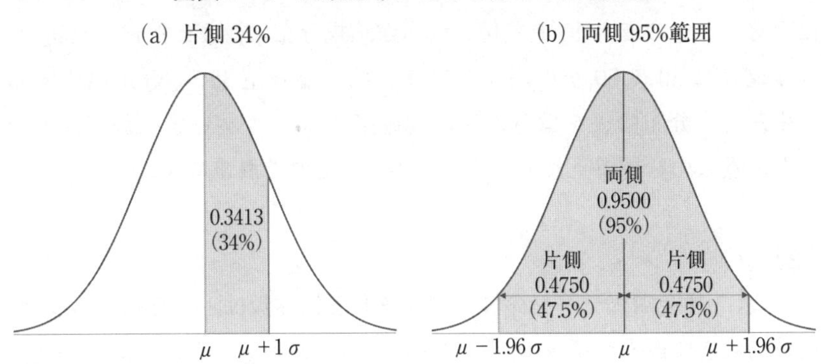


この分布を応用すれば、ある範囲の標本統計量が出現する確率を推測することができる。**図表４−５**に示したように、たとえば母平均（$\mu$）から母平均＋１標準偏差（$\mu+1\sigma$）までの範囲には、全標本のうち34.13％が出現する。また、分布中央の平均をはさんで全標本の95％が出現するのは、母平均−1.96×標準偏差（$\mu-1.96\sigma$）から、母平均＋1.96×標準偏差（$\mu+1.96\sigma$）の範囲である。これらを含め、具体的な出現確率や出現範囲については、巻末の「標準正規分布表」（p.230）を見ればわかるようになっている。上記の $\mu+1\sigma$ は、標準得点（３章）で言えば $z=+1$ なので、「①片側」の「領域比率」である“0.3413”が、$\mu$ から $\mu+1\sigma$ の範囲の出現確率に相当する。また、分布中央をはさむ両側95％の出現確率は、表中「②両側」の「領域比率」“0.9500”に相当し、それ

と対応する標準得点（$z$）が“1.960”であることがわかる。したがって、上記の出現確率に対応するのは、母平均を中心として標準偏差のプラス／マイナス1.96倍の範囲と推測される。

**練習問題**

【例題4.1】「偏差値」とは、あるテストの得点を、平均50・標準偏差10に換算したものである。偏差値の分布が正規分布に従うと仮定した場合、(a) 偏差値30～50が出現する確率、(b) 偏差値35～65が出現する確率、(c) 分布中央をはさんで出現確率95%をカバーする偏差値の範囲を、巻末の「標準正規分布表」を用いてそれぞれ求めよ。

### （2）*t* 分布

一般に、社会調査データの標本に含まれる個体数は100を超えるなど、比較的大きな標本サイズのデータを扱うことが多い。ただし、先の友人数データ（$n=9$）など標本サイズが小さい場合、その標本平均の分布は正規分布からのずれが生じてしまう。そこで、小標本の平均を扱う場合は、$t$ 分布という確率分布を利用する[4)]。$t$ 分布の形状は、正規分布のそれと同様ベル型の曲線であるが、**自由度**（degree of freedom :“*df*”と表記）によって多少異なってくる（**図表4－6**）。

自由度とは、母数を推定したり検定を行うときに、母集団から抽出された標本に含まれる各個体の値のうち、自由にとることのできる余地のある値の数（一意に定まらない値の数）を指す。具体的に、母平均を推定する場合の自由度は $n-1$ であり（くわしい解説は6章の【コラム5】を参照）、$n=9$ の標本からなる友人数データにあてはめると、その自由度は $9-1=8$ となる。その場合、出現確率95%となる標本平均の範囲は、母平均 $\pm 2.306 \times$ 標準偏差である（図中実線の分布と範囲）。また、標本

4) 小標本の比率を扱う場合は「二項分布」という確率分布を利用する。図表4－4 (a) はその例である。

サイズが大きく自由度が120である場合（図中点線の分布)、その範囲は母平均±1.980×標準偏差となり、正規分布のそれとかなり近づく。

以上の正規分布や$t$分布など各種の確率分布は、次章以降で展開する統計的推定や検定を行うにあたって重要な役割を果たすこととなる。

**図表4－6　$t$分布（自由度8と120の場合）**

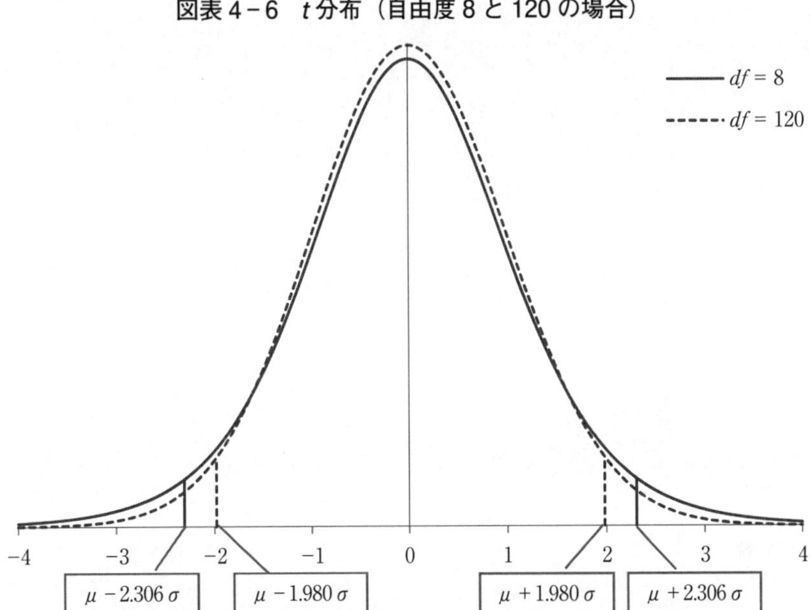

**復習のポイント**

1. 標本分布とは何か。また、3章まで学習した「分布」とはどのような点で異なるか。
2. 標本から得られた平均および比率の標本分布は、どのような特徴が見られるか。
3. 標準正規分布を利用して、平均からある標準得点（$z$ 得点）までの範囲内に出現する確率は、どのように求められるか。

## 参考文献

轟亮・杉野勇『入門・社会調査法』（法律文化社、2010年）

# 5 標本に基づく推測統計(2): 統計的推定

林　拓也

**《5章の目標》**標本調査のデータに基づいて標本の抽出元である母集団の値（母数）を推定する方法を学ぶ。正規分布にしたがう標本平均・標本比率を例に、母数の点推定と区間推定の考え方、信頼区間の計算手順を確認する。
**《キーワード》**点推定、区間推定、信頼区間

## 1. 母数の点推定

### (1) 平均・比率の点推定

社会調査の場面では通常、母集団に含まれるすべての人々を対象として調査するのではなく、そこから抽出されたひとつの標本を対象とすることが多い。この場合、標本がひとつだけであることから、標本分布が直接的に得られることはない。しかし、標本分布の特性を応用することにより、標本分布を仮定しつつ次のように母数を推定することが可能となる。

前章でみた友人数に関する標本①のデータ（$n=9$、標本平均 $\bar{Y}=10$）が、調査から得られたとする。この平均をもつ標本は、母平均が同じ“10”の母集団から抽出された典型的な標本と考えられる。前章で述べたように、その母集団から抽出される「標本平均の平均」が“10”だからである。この考え方により、社会調査から得られた標本平均 $\bar{Y}$ をそのまま母平均 $\mu$ の推定値とするのである。以上のように、標本統計量に基づき、母

数をひとつの値として推定することを**点推定**(point estimation)という。

このように標本統計量＝母数の点推定値となるのは、比率も同様である。たとえば、ある地域の全世帯（母集団）から1200世帯の標本を抽出した調査により、その標本のテレビ視聴率データが得られる。かりに、ある番組の視聴率が20%（標本比率 $p$）であるとわかった場合、その標本が抽出された母集団における視聴率もまた20%（母比率 $\pi$）であると推定されるのである。この標本平均・標本比率のように、標本分布の平均が母数に等しくなる標本統計量は「**不偏推定量**」と言われ、母数を推定する際の望ましい特性のひとつとされる。

点推定に関して注意しておきたいのは、それにより推定された母数だけが、標本統計量が得られる母集団の値とは限らないことである。上述の友人数データを例にとれば、平均が"10"である標本①は、母平均が"12"である母集団からも抽出される可能性がある（4章・**図表4－3**）。このことを考慮して、母数がどの範囲にあるかを推定することも行われる(後で詳しく述べる「区間推定」)。

### （2）分散の点推定：不偏分散

連続変数の散らばりの指標である「分散」は、必ずしも「不偏推定量」になるとは限らないという点で若干の注意を要する。分散の計算を行うときには、まず平均からの偏差を求めることになり、母平均 $\mu_Y$ がわかっているとき、それは $Y_i - \mu_Y$ で表すことができる。分散はこれら偏差の二乗の総和を平均化した値であると考えると、母分散の推定値としての標本分散は、

$$\hat{\sigma}_Y^2 = \frac{\sum_{i=1}^{n}(Y_i - \mu_Y)^2}{n} \quad \text{（式 5.1）}$$

となる。なお、左辺 $\sigma$ の上にある記号 ^ （ハット）は、推定値であることを表す。この式による標本分散の平均は母分散と一致するので、母分散の点推定値として不偏推定量と言える。

ただし、母平均 $\mu_Y$ がわからないときは、それを標本平均 $\bar{Y}$ で代用し、偏差は $Y_i - \bar{Y}$ となるが、そうすると、式5.1の分子にあたる偏差二乗和が小さい、ひいては分散が小さい標本が多く表れる。**図表5－1**は、友人数の母平均が"12"である母集団から抽出した3種類の標本データ（4章参照）を用いて、式5.1に基づき標本分散を計算した結果である。母平均と標本平均が一致しない標本①・②はともに、母平均からの偏差を用いた分散よりも、標本平均からの偏差を用いた分散の方が小さいことがわかる。

**図表5－1　母平均＝12の母集団から抽出された標本データと標本分散**

| 標本①（標本平均＝10） | | | | | | | | | | |
|---|---|---|---|---|---|---|---|---|---|---|
| 友人数 | 1 | 2 | 5 | 7 | 8 | 10 | 14 | 18 | 25 | 標本分散 |
| 母平均からの偏差 | −11 | −10 | −7 | −5 | −4 | −2 | 2 | 6 | 13 | 58.22 |
| 標本平均からの偏差 | −9 | −8 | −5 | −3 | −2 | 0 | 4 | 8 | 15 | 54.22 |
| 標本②（標本平均＝2.89） | | | | | | | | | | |
| 友人数 | 1 | 1 | 2 | 2 | 2 | 3 | 3 | 5 | 7 | |
| 母平均からの偏差 | −11 | −11 | −10 | −10 | −10 | −9 | −9 | −7 | −5 | 86.44 |
| 標本平均からの偏差 | −1.89 | −1.89 | −0.89 | −0.89 | −0.89 | 0.11 | 0.11 | 2.11 | 4.11 | 3.43 |
| 標本③（標本平均＝12） | | | | | | | | | | |
| 友人数 | 2 | 7 | 8 | 10 | 13 | 14 | 15 | 15 | 24 | |
| 母平均からの偏差 | −10 | −5 | −4 | −2 | 1 | 2 | 3 | 3 | 12 | 34.67 |
| 標本平均からの偏差 | −10 | −5 | −4 | −2 | 1 | 2 | 3 | 3 | 12 | 34.67 |

この例のように、母平均を標本平均で代用して計算すると、その標本分散の平均は母分散とは一致せず（不偏推定量ではない）、それよりも低い値をとる。そのため、標本平均を用いて母分散を推定するためには、次の式 5.2 に基づく計算により不偏推定量である分散を求める。なお、この方法によって計算される分散 $s_Y^2$ は、**不偏分散**と呼ばれる[1)]。

$$\hat{\sigma}_Y^2 = s_Y^2 = \frac{\sum_{i=1}^{n}(Y_i - \overline{Y})^2}{n} \times \frac{n}{n-1} = \frac{\sum_{i=1}^{n}(Y_i - \overline{Y})^2}{n-1} \quad (\text{式 } 5.2)$$

## 2. 母平均の区間推定

### （1）区間推定の考え方

標本統計量に基づいて母数が含まれる値の範囲を推定することを、**区間推定**（interval estimation）と言う。先に述べた点推定は母数をひとつの値として推定するものであったが、それとの大きな違いは、標本分布に現れる「誤差」を推定に組み込んでいることにある。たとえば、友人数の標本平均が “10” となるデータは、母平均が “10” である母集団だけでなく、それが “12” や “16” である母集団からも得られる可能性がある。後者である場合、得られた標本平均は真の値（母平均）とは異なっているが、それは標本分布として発生している「誤差」の範囲内であると考えられるかもしれない。

では、その誤差の範囲をどの程度まで想定すれば良いのだろうか。このときに判断基準となるのは、前章で解説した標本の出現範囲と出現確率である。社会統計学では慣習的に、誤差の境界として出現確率 95% の範囲と設定することが多く、その範囲内に含まれる標本（統計量）は、当該の母集団から「得られる可能性がある」（誤差の範囲内）と判断する。具体的に、友人数データにおいて母平均 “12” の母集団から $n=9$ の

---

1) $n-1$ は、偏差二乗和および分散の「自由度」でもある。「自由度」については、6 章の【コラム 5】を参照。

標本を抽出した場合、その標本平均の分布において（**図表５－２**（a））、全標本のうち95％は7.8から16.2の範囲に出現する。この分布の中で、標本平均“10”はその95％範囲に含まれているので、この母集団から「得られる可能性がある」と判断する。一方、同じ標本サイズ（$n=9$）で、母平均“16”の母集団から抽出された標本の平均の分布を見ると（**図表５－２**（b））、その95％の範囲は11.8から20.2である。標本平均“10”はその範囲外に位置するので、この母集団からは「得られる可能性が非常に低い」（誤差の範囲を超えている）と判断するのである。

**図表５－２　標本平均の分布（友人数データの架空例、標本サイズ $n$＝9）**

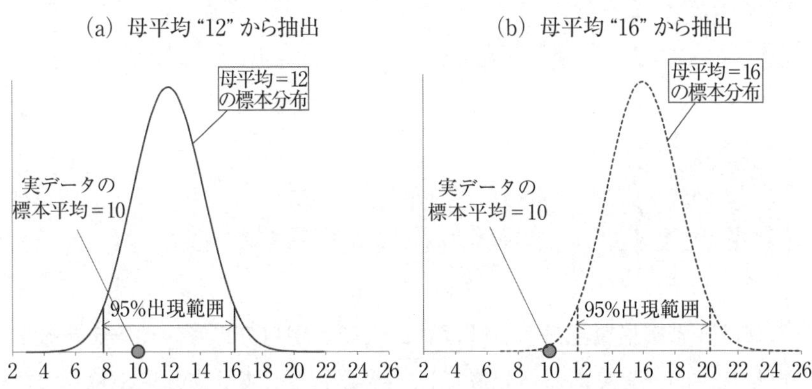


この例のように、特定の母平均をもつ母集団からの標本抽出を想定し、その標本分布と標本統計量の出現範囲が判明すれば、実際に調査データとして得られた標本統計量が、どのような母集団から得られる可能性があるのかを推定できる。前章で述べたように、標本平均・標本比率の分布は、その標本サイズが大きい場合、「正規分布」という確率分布にしたがうので、それを利用する形で区間推定の実例を見ていこう。

### （2）社会調査データを用いた実例：正規分布を用いた推定

ここで使用するのは、国際比較のための社会調査プログラム（International Social Survey Programme：ISSP）の一環として、日本全国18歳以上の人びとを対象として2019年に実施された調査から得られたもので、以下に示した質問に対する回答データである。

質問文：かりに日本の社会全体を層に分けて、いちばん下を1、いちばん上を10とした場合、現在のあなたはどのあたりにいると思いますか。

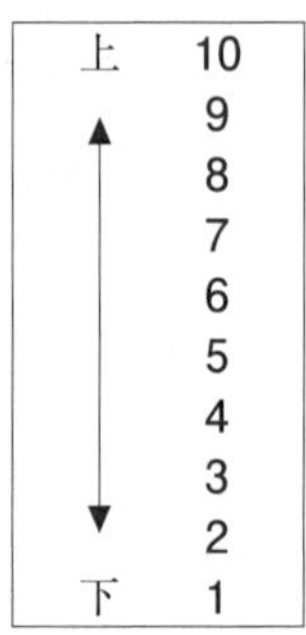


これは「階層帰属意識」と呼ばれ、人びとが自分自身の地位を主観的に判断したデータである（以降では、変数名として「主観的地位」と呼ぶ）。この変数の標本平均は4.506であり、先の式5.2から計算された不偏分散は2.511であった（有効標本サイズ$n=1455$）。母平均の点推定値は4.506（標本平均と同じ）であり、調査の質問で示された1～10の中間の値である5.5よりも低い。したがって、この調査の母集団（18歳以上の全人口）における主観的地位評価の平均は、中間層よりやや低いことが示唆される。

では、この標本が得られる可能性のある母集団の平均は、どの範囲にあると推定されるだろうか。いくつかの母平均の候補を想定して、それぞれにおける標本平均の分布を確かめながら、このことを検討していこう。このデータは標本サイズが十分に大きく、その場合、標本平均の分布は、次のような平均と分散をもつ正規分布にしたがう（「中心極限定理」という数学的な定理に基づく）

標本平均の平均（正規分布における平均）＝母平均

$\mu[\bar{Y}] = \mu_Y$　（式 5.3）[2]

標本平均の分散（正規分布における分散）＝母分散／標本サイズ

$\sigma^2[\bar{Y}] = \sigma_Y^2/n$　（式 5.4）

したがって、これらを推定するためには、変数 $Y$ の母平均 $\mu$ と母分散 $\sigma^2$、標本サイズ $n$ がわかれば良い。前者については、以降でいくつかのパターンを想定してみる。後者の母分散は不明であるが、何らかの値を設定する必要があるので、標本データから得られた不偏分散をその点推定値とする。まずは、$\mu_Y = 4$、$\sigma_Y^2 = 2.511$ の場合を考えてみると、その標本平均の分布は、

$\mu[\bar{Y}] = 4$

$\sigma^2[\bar{Y}] = 2.511／1455 = 0.001726$

の正規分布にしたがう。そして、この正規分布における標本平均の95％の出現範囲は、巻末の「標準正規分布表」（p.230）を参照しながら、次のように推定される。表中の領域比率「②両側」が "0.9500" となるのは、$z = 1.960$ であることがわかる。これは、95％出現範囲の境界が、母平均±1.96×正規分布の標準偏差（$\mu \pm 1.96\sigma$）であることを表す。このときの標準偏差は、**標準誤差**（standard error："*S.E.*" と表記）と呼ばれ、

2）左辺は本来 $\mu_{\bar{Y}}$ であるが、右辺の $\mu_Y$ と混同しないようにこのように表記した。次の式 5.4 の左辺も同様。

先の式 5.4 に基づいて以下のように計算される。

標準誤差（正規分布における標準偏差）＝標本平均の分散の平方根

$$S.E. = \sigma[\bar{Y}] = \sqrt{\sigma_Y^2/n} \quad \text{（式 5.5）}$$

この標準誤差は、特定の確率分布のもとで、母数（この場合は母平均）からどの程度離れた標本統計量（標本平均）が出現するか、言い換えると、誤差の範囲がどの程度であるかの指標となる。したがって、先の母集団から標本を繰り返し抽出すると、その標本平均の分布において真の値（母平均）を中心とする 95％出現範囲は、次のように算出される。

標本平均 95％出現範囲の下限 $= 4 - (1.96 \times \sqrt{0.001726}) = 3.919$

標本平均 95％出現範囲の上限 $= 4 + (1.96 \times \sqrt{0.001726}) = 4.081$

実際に社会調査から得られた標本における平均は 4.506 であったが、これは上記の範囲の外に位置する。したがって、その標本は母平均 “4” の母集団から抽出された可能性が非常に低いと推定される。

**図表 5－3** は、さまざまな母平均の候補を設定した上で、それぞれの標本平均の 95％出現範囲を計算した結果である。それぞれの母平均から推定される標本平均の出現範囲の中に、実際の調査データから得られた標本平均（4.506）が含まれているのは、母平均を 4.43 と設定した場合から、4.58 と設定した場合までの間であることが確認される。この範囲は、次節「信頼区間」で解説するように、より精確な区間として推定することができる。

**図表5－3　母平均ごとに見た標本平均の95%出現範囲**

| 母平均 | 95% 範囲 | |
|---|---|---|
| | 下限 | 上限 |
| 4.0 | 3.919 | 4.081 |
| : | : | : |
| 4.42 | 4.339 | 4.501 |
| 4.43 | 4.349 | 4.511 |
| : | : | : |
| 4.50 | 4.419 | 4.581 |
| : | : | : |
| 4.58 | 4.499 | 4.661 |
| 4.59 | 4.509 | 4.671 |
| : | : | : |

（4.43～4.58の行）標本データ（標本平均4.506）が含まれる範囲

**練習問題**

【例題5.1】次の母平均 $\mu_Y$ をもつ母集団から、$n=200$ の標本を抽出した場合の95%出現範囲を推定せよ。その上で、標本平均 $\bar{Y}=4.506$ のデータが得られる可能性があるかどうかを判定せよ。なお、母分散（推定値）は先と同じく $\sigma_Y^2=2.511$ とする。

(a) $\mu_Y=4.5$

(b) $\mu_Y=5$

## 3. 信頼区間

### (1) 母平均の信頼区間

以上のような区間推定の手続きを定式化したのが、**信頼区間**（confidence interval：“*C.I.*” と表記）である。信頼区間とは、あらかじめ設定した確率に基づく母数の推定値の範囲のことを指す。このときの確率は、推定の精度を表すことから「信頼度」と言う。たとえば「95%

信頼区間」という場合、95%の信頼度のもとでその区間の中に母数が含まれると推定されることを意味する[3)]。信頼度は任意の値を設定することができ、それが高いほど推定の精度を上げることが可能となるものの、推定される区間が広くなりすぎて、推定の意義がなくなってしまうことがあるというジレンマもある。これをふまえて、社会統計学では信頼度を95%と設定することが多い。

母平均の信頼区間は、以下の式から求めることができる。

母平均の信頼区間＝標本平均±(信頼度の $z$ 得点×標準誤差)

$$C.I.(\mu_Y) = \bar{Y} \pm (z \times S.E.) = \bar{Y} \pm \left(z \times \sqrt{\sigma_Y^2/n}\right) \quad (式5.6)$$

信頼度の $z$ 得点は、先の場合と同様、その確率に基づいて巻末の「標準正規分布表」を参照すれば良い。先に例示した調査データ（階層帰属意識）をこの式にあてはめると、信頼区間の下限と上限は次のように算出される。

$$信頼区間の下限 = 4.506 - (1.96 \times \sqrt{2.511/1455}) = 4.425$$
$$信頼区間の上限 = 4.506 + (1.96 \times \sqrt{2.511/1455}) = 4.587$$

### （2）母比率の信頼区間

標本比率の分布も（標本サイズが大きければ）正規分布にしたがうため、それに基づく母比率の信頼区間も同様の手続きで推定することができる。たとえば、600世帯の標本を抽出した調査から、あるテレビ番組の視聴率（標本比率）として20%が得られたとする。母比率 $\pi$ の点推定値を0.2とした場合、母分散 $\sigma^2$ の推定値は $0.2/(1-0.2)=0.16$ となる(比率の分散については、【コラム3】を参照)。

---

3) 母数それ自体はひとつの値として定まっているものであり、さまざまな値をとって分布するわけではない点に留意しておく必要がある。わかりにくい言い方になるが、より厳密には、「標本統計量に基づいて推定された信頼区間のうち、母数を正しくその区間に含めている確率が95%である」ことを表す。

## 練習問題

【例題5.2】この視聴率データに基づいて、（a）信頼度を95％と設定した場合、（b）信頼度を99％と設定した場合、それぞれの信頼区間を求めよ。

**復習のポイント**

1. 点推定および区間推定とは何か。
2. 標準誤差とは何か。また、正規分布を利用して、特定の母平均をもつ母集団から抽出された標本統計量の出現範囲をどのように求めるか。
3. 標本平均や標本比率に基づいて、特定の信頼度（95％など）のもとでの信頼区間をどのように求めるか。

### 【コラム3】2値変数と比率・平均・分散

2値変数とは2つの値からなる変数のことを指し、たとえば性別（男性／女性）、番組視聴（ある番組を視聴した／視聴しなかった）などが挙げられる。こうした変数を扱う際の統計量としてよく用いられるのが「比率」であり、それは全事象のうち、着目する特定事象が発生した個数の占める割合で表される。またそれは、着目する事象を“1”／それ以外の事象を“0”と設定した場合の「平均」を求めた値でもある。視聴率の例を挙げると、10世帯のうち2世帯がある番組を見ていた場合、その比率は2÷10＝0.2（20%）である。

それを1/0データで表すと、

1, 1, 0, 0, 0, 0, 0, 0, 0, 0

となり、この平均を求めても0.2が得られる。

その分散について、もしこのデータが母集団のものであるなら、比率そのものから簡単に計算できる。すなわち、母分散＝母比率×(1－母比率)というシンプルな式から求めることができ、上記の例では、0.2×(1－0.2)＝0.16となる。この値は、先の式5.1で計算された結果と同じになる。ただし、標本データにおける不偏分散を求める場合は、それを$n$／$(n-1)$倍する必要があることに注意されたい。

# 6　標本に基づく推測統計(3)：統計的検定

林　拓也

**《6章の目標》**標本調査データに基づく仮説検定の考え方について学ぶ。帰無仮説と対立仮説、有意水準などについて解説しつつ、1変数の比率や平均値の検定の手順を確認していく。
**《キーワード》**検定、帰無仮説と対立仮説、有意水準、$Z$検定と$t$検定

## 1. 検定の論理

### (1) 帰無仮説と対立仮説

検定とは、母集団に関するある仮説を立てた上で、その仮説が真であるかどうかを標本統計量に基づいて判定する手続きのことを指す。通常、仮説は「母集団において○○比率は30%である」のように、母数に関して特定の値であることを想定する。しかし、母数を推定する際に誤差をともなう標本統計量（標本比率）から、この仮説を厳密に証明することはできない。このことを考慮して、検定では、標本統計量が特定の母集団から得られる可能性がないかどうかを確かめることを主眼とする。具体的には、最初に母数を特定した仮説を立てた上で、それを否定する別の仮説を証明することになる。

このとき、最初に立てられる仮説を**帰無仮説**（null hypothesis：“$H_0$”と表記）と呼び、それを否定することを棄却と言う。そして、その帰無仮説が棄却された場合に採択（採用）される仮説のことを、**対立仮説**

(alternative hypothesis:“$H_1$”と表記)と呼ぶ。先の例では、帰無仮説は「母比率は30％である」のように立てられる。一方、対立仮説はそれを否定した形で、「母比率は30％ではない」と立てられ、それが採択された場合、母比率が30％以外の比率であることが立証される。

### (2) 有意水準と帰無仮説の棄却

では、帰無仮説を棄却するかどうかの判定は、どのような基準で行えば良いのだろうか。検定においては、次のような考え方によりその判定を行う。

帰無仮説が「正しい」と仮定した場合の、標本統計量の標本分布を想定する

↓

その標本分布において、「めったに起こらない」と判断する境界を設定する

↓

実際の標本データにおける統計量がその境界を超えていた場合、帰無仮説が「正しい」という仮定を否定する

上記の「めったに起こらない」と判断する基準として設定される境界的な確率のことを**有意水準**(level of significance)と呼ぶ。この確率は、上記の判断基準により棄却した帰無仮説が実は正しかったという、誤った判断が生じる確率のことを指す(「危険率」とも言う)。分析結果の表現としてよく用いられる「統計的に有意である」という言い方は、こうした多少の誤りの確率を織り込みつつ、帰無仮説が棄却されたことを表す。有意水準は“$\alpha$”と表記され、その確率は任意に設定することが可能

であるが、社会調査においては、$\alpha$= 0.05 (5%) と設定されることが多い。

帰無仮説が「正しい」と仮定すると母数が定まるので、前章で見たように、その標本分布から、真の値（母数）から離れた標本の出現範囲を確率的に推定できる。このとき、「めったに起こらない」と判断される標本は全体の5%（＝有意水準）であり、標本分布においてそれらが出現する領域のことを、**棄却域**（または$\alpha$ **領域**）と言う。もし実際の標本データの統計量がその領域に含まれるならば、帰無仮説を棄却する。一方、データがその領域に含まれずに、帰無仮説が想定する範囲内（1－$\alpha$）に収まるならば、帰無仮説は棄却されない。なお、仮に帰無仮説を棄却しないと判断しても、帰無仮説が正しいと証明したことにはならない点に注意が必要であり、結論としては、「母数が○○でない（対立仮説）とは言えない」という形になる。

### 【コラム4】有意水準$\alpha$の設定

有意水準$\alpha$は、帰無仮説の棄却判断を行うときの誤りの確率であることから、それをできる限り低くするのが望ましいと考えるかもしれない。しかし、無条件に有意水準を低くすることによって、別の種類の「誤り」の確率が高まることに注意する必要がある。それは、帰無仮説が正しくないのに、誤ってそれを採択する（棄却しない）確率であり、「第二種の過誤」（“$\beta$”と表記）と呼ばれる。これに対して、帰無仮説が正しいのに誤って棄却する確率＝有意水準（$\alpha$）を「第一種の過誤」と呼ぶ。

これらの「過誤」は、一方を低くすると、もう一方が高くなるというトレードオフの関係にある。したがって、$\alpha$を低くすることを優先に考えるならば、$\beta$をむしろ高く設定することになってしまう。こうしたジレンマを解消するためのひとつの方策としては、標本サイズを大きくして、標準誤差を小さく抑えることが有効とされる。

また、社会統計学を用いる社会学の研究では有意水準を“5%”に設定することが多いが、扱う現象や学問分野によって、慣用的に設定される確率は異なってくる。たとえば薬学研究において、新しく開発中の「薬Aは効果がない」という帰無仮説を立てたとする。薬には健康に影響をもたらす副作用が生じる可能性があることを考慮して、「効果がある」という対立仮説を採択する基準を厳しめに見積もっておくことが望ましいなら、帰無仮説を棄却する有意水準を低く設定することがある（$\alpha = 1\%$など）。

## 2. 比率の検定：Z 検定

### （1）帰無仮説のもとで想定される標本分布

では、具体的な例を用いて、検定の考え方と手順を見ていこう。ある番組 A の視聴率について、事前には“20％”を期待されていたものの、標本サイズ $n$=600 の調査を行ったところ、そのデータにおける視聴率が“15％”であることがわかったとする。この結果をめぐって意見が 2 つにわかれた。ひとつは、期待したより視聴率が低かったという意見、もうひとつは、この調査は母集団の一部の人たちが対象なので、期待より若干低いという結果は誤差の範囲内という意見である。そこで検定では、事前に期待された“20％”を母比率と仮定して、その可能性の有無を確かめる。

| 手順①　特定の母数を帰無仮説とする。 |
|---|

調査を実施する前に予想した視聴率“20％”を、この標本を抽出した元の母集団（全世帯）の視聴率であるという帰無仮説を立てる。

$H_0$：母集団における視聴率は 20％である（$\pi_0$=0.2）

もしこの帰無仮説が棄却された場合、次の対立仮説が採択されることになる。

$H_1$：母集団における視聴率は 20％ではない（$\pi_1 \neq 0.2$）

| 手順②　有意水準 $\alpha$ を設定する。 |
|---|

帰無仮説が「正しい」と仮定した場合の標本比率の分布において、「めったに起こらない」と判断する境界の確率として、社会調査の慣例にならっ

て“5%”とする。すなわち、$\alpha$=0.05と設定する。

| 手順③ | 母数に基づく標本の確率分布と、その分布における帰無仮説が棄却される境界の値を確認する。この境界の値を、**限界値**（critical value）と言う。 |
|---|---|

上記の標本比率の分布を考えてみる。その分布は、標本サイズが大きい場合、次のような平均と分散の正規分布にしたがう。

標本比率の平均（正規分布における平均）=母比率

$\mu[p]=\pi$ （式6.1）

標本比率の分散（正規分布における分散）=母分散／標本サイズ

$\sigma^2[p]=\sigma^2/n=(\pi\times(1-\pi))/n$ （式6.2）[1)]

標準誤差（正規分布における標準偏差）=標本比率の分散の平方根

$S.E.=\sigma[p]=\sqrt{\pi\times(1-\pi)/n}$ （式6.3）

帰無仮説で設定した母比率は20%なので正規分布の平均は0.2、標本サイズが600であることから標準誤差は0.0163と計算される。ここから、標本比率の分布の中で母比率を中心として標本の95%が出現する範囲を推定すると（5章参照）、

下限=0.2−(1.96×0.0163)= 0.168
上限=0.2+(1.96×0.0163)= 0.232

が得られる。つまり、母比率が20%であると仮定すると、そこから抽

1) 2値変数の母分散は、母比率×(1−母比率）から計算される（5章p.72の【コラム3】参照)。

出される標本比率の95％出現範囲は16.8％から23.2％の間と推定される（**図表6－1**)。逆に言えば、その外側の範囲に位置する比率の標本は、母比率20％の母集団からは「めったに起こらない」と判断される5％に含まれる。この5％が有意水準$\alpha$に相当し、その範囲が（帰無仮説が棄却される）棄却域である。

**図表6－1　正規分布を利用した比率の検定**

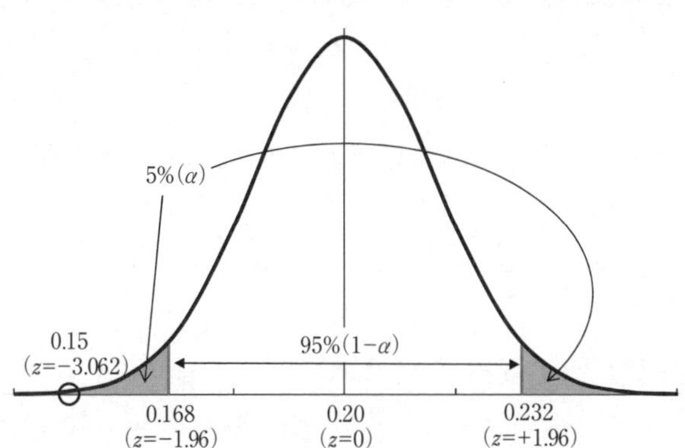


正規分布を用いた検定では通常、分布における平均や標準誤差、棄却域の範囲をそのつどごとに計算から求めることはせず、上記の値を標準得点（$z$得点）に置き換える。つまり、母比率を分布の中心とした場合($z$=0)、棄却域の境界となる0.168は$z=-1.96$、0.232は$z=+1.96$となる。この境界となる$z$値が「限界値」に相当し、それは「標準正規分布表」の「有意水準（$\alpha$)」・「④両側」から確認できる。

| 手順④ | 実際の標本データが、帰無仮説に基づく確率分布のどこに位置するかを算定する。この位置は、先の限界値と照合して検定を行うことから、**検定統計量**（test statistic）と言う。 |
|---|---|

先の手順③までは、帰無仮説の設定に関することであったが、この手順④では、実際に調査から得られた標本データ（統計量）に着目する。この例では、番組A視聴の標本比率は15%であった。この場合も、③と同じように標準得点へと変換するために、次の式から「検定統計量」を計算する。

検定統計量 $z$=(標本比率－帰無仮説での母比率)／標準誤差

$$z=\frac{p-\pi_0}{S.E.}=\frac{p-\pi_0}{\sqrt{\pi_0\times(1-\pi_0)/n}} \quad (\text{式}\ 6.4)$$

この例を上式に当てはめると、

$$z=\frac{0.15-0.2}{\sqrt{0.2\times(1-0.2)/600}}=-3.062$$

が得られる。

| 手順⑤ | 手順④で算出された検定統計量が、③で確認した限界値を超えている場合は、帰無仮説を棄却し、対立仮説を採択する。限界値を超えていない場合は、帰無仮説を棄却しない。 |
|---|---|

標本比率15%、あるいはそれを標準得点に変換した検定統計量－3.062は、限界値の範囲を超えていることが確認される（**図表6－1**左端近くの○）。このような場合、「出現確率が低い領域（棄却域）に実際のデー

タ（標本比率）が出現しているのは、帰無仮説が誤っているためである」と考えて、帰無仮説を棄却する。そして、対立仮説である「母集団における視聴率は 20%ではない」を採択することになる。最初に紹介した 2 つの意見で言えば、「誤差の範囲内である」という意見は否定され、「期待したより低い」という意見が妥当であると判断される。

**練習問題**

【例題 6.1】ある事柄について、市民がどのくらい賛成／反対しているのかを明らかにするために、市民の中から $n$=500 の標本を抽出して市民意識調査を行った。その結果、賛成 265 人、反対 235 人という結果が得られた。この結果をもとに、市民全体の中で賛成と反対が同数（50%）でないと言えるかどうかの検定を行ってみよ。

## 3. 平均値の検定：$Z$ 検定と $t$ 検定

### （1）大標本の場合：$Z$ 検定

標本サイズが大きければ、平均に関する標本分布も比率のそれと同じように正規分布にしたがう。その分布の平均・分散・標準偏差（標準誤差）は、5 章で学習した通りである（式 5.3〜式 5.5 参照）。したがって、先にみた比率の検定の場合と同じ手順によって $Z$ 検定を行う。なお、手順④で標準誤差を求めるときに用いる母分散 $\sigma_Y{}^2$ は大抵の場合わからないので、その推定値として標本の不偏分散 $s_Y{}^2$（5 章の式 5.2 参照）で代用する。したがって、手順④の検定統計量 $z$ は、以下の式から計算される。

検定統計量 $z$=（標本平均－帰無仮説での母平均）／標準誤差

$$z = \frac{\overline{Y} - \mu_0}{S.E.} = \frac{\overline{Y} - \mu_0}{\sqrt{s_Y^{\,2}/n}} \quad (式\ 6.5)$$

**練習問題**

【例題 6.2】 自分自身の地位の高さを 1(下)～10(上)の段階で主観的に判断した「階層帰属意識」(5 章 2(2)参照) の調査データを用いて、その主観的地位の母平均が 10 段階の中間値 "5.5" でないと言えるかどうかを検定せよ。なお、調査から得られた結果は以下の通りである。

標本サイズ：1455

標本平均：4.506

不偏分散：2.511

### (2) 小標本の場合：*t* 検定

調査における標本サイズが小さい場合 ($n$ が 50 を下回る場合など)、母分散の代用として不偏分散を用いると、標本平均の分布は正規分布から少しだけずれてしまうという問題が生じる。そこで、小標本の平均値の検定を行う場合は「$t$ 分布」という確率分布を利用する。4 章で見たように、$t$ 分布の形状は正規分布のそれと同様ベル型の曲線であるが、**自由度**によって、分布の広がり (標本平均の出現範囲) が異なる (4 章・**図表 4－6** 参照)。この $t$ 分布を用いて行われる検定は、***t* 検定**と呼ばれる。

平均値に関する $t$ 検定を行う場合、自由度は〔標本サイズ $n-1$〕から計算される (p.86 の【コラム 5】参照)。このことは検定の手順③の「限界値」に関わり、標本サイズが小さいほど限界値が大きな値をとることにつながる。自由度ごとに異なる限界値は、巻末 p.231 の「$t$ 分布表」に一覧となっている。

具体例を示しながら、検定の手順を確認していこう。先の【例題6.2】で示した「階層帰属意識」の調査データの中から、大都市または大都市近郊に居住している高収入層（個人年収額900万円以上、標本サイズ $n$=30）に限定して、その主観的地位の母平均が中間値（5.5）でないかどうかを検定する[2)]。

| 手順①　特定の母数を帰無仮説とする。 |
|---|

$H_0$：母集団における大都市居住高収入層の主観的地位の平均は5.5である（$\mu_0$=5.5）

$H_1$：母集団における大都市居住高収入層の主観的地位の平均は5.5ではない（$\mu_1 \neq 5.5$）

| 手順②　有意水準 $\alpha$ を設定する。 |
|---|

$\alpha$=5%（0.05）

| 手順③　母数に基づく標本の確率分布と、その分布における帰無仮説が棄却される境界の値（限界値）を確認する。 |
|---|

小標本の標本平均の分布は $t$ 分布にしたがう。標本サイズが30であることから、この場合は自由度29（=30−1）の $t$ 分布である。その限界値を確かめるために、$t$ 分布表（巻末p.231）を確認すると、自由度29と有意水準0.05が交差する部分に“2.045”とある。したがって、帰無仮説を棄却できる限界値は±2.045である。

| 手順④　実際の標本データが、帰無仮説に基づく確率分布のどこに位置するかを算定する（検定統計量）。 |
|---|

標本のデータとして、以下の統計量が得られたとする。

2）収入が高いので、事前予想として「5.5より高い」という対立仮説を立てることも可能であるが、その場合は「片側検定」を行うことになる。詳しくは7章を参照。

標本平均：6.733

不偏分散：1.789

検定統計量 $t$ の計算方法は、先の式 6.5 と同じである[3)]。

$$t_{(n-1)}=\frac{\overline{Y}-\mu_0}{\sqrt{s_Y^2/n}} \quad (\text{式 } 6.6)$$

$$=\frac{6.733-5.5}{\sqrt{1.789/30}}=5.049$$

| 手順⑤ | 手順④で算出された検定統計量が、③で確認した限界値を超えている場合は、帰無仮説を棄却し、対立仮説を採択する。限界値を超えていない場合は、帰無仮説を棄却しない。 |
|---|---|

**図表 6－2　自由度 29 の $t$ 分布を利用した $t$ 検定**

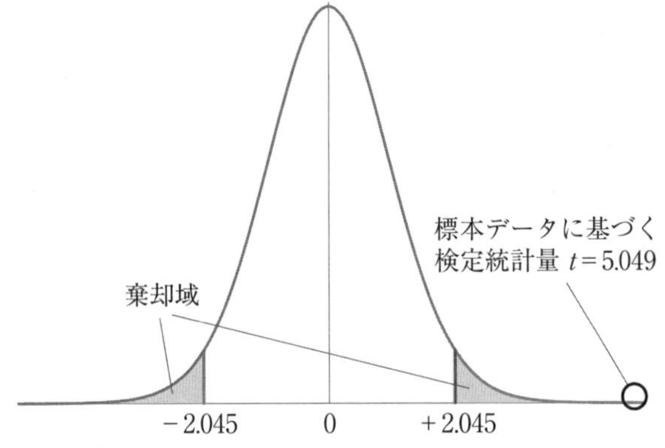


3) 計算式左辺の（　）内は、自由度を表す。

検定統計量は限界値を超えているので（**図表6－2**）、帰無仮説を棄却し、対立仮説を採択する。したがって、検定の結論としては、「母集団における大都市居住高収入層の主観的地位の平均は5.5ではない」と言える。

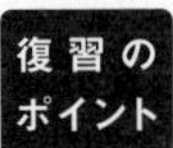

1. 帰無仮説と対立仮説をどのようにして設定するか。
2. 有意水準とは何であるか。また、それと限界値とはどのような関係にあるか。
3. 正規分布を利用して比率の検定を行う場合、どのような手順で行うか。
4. 正規分布または $t$ 分布を利用して平均値の検定を行う場合、どのような手順で行うか。

## 【コラム5】「自由度」の考え方

統計的推測を行う際には、標本データに関する「自由度」が考慮される。自由度とは、母数を推定・検定するときに、母集団から抽出された標本に含まれる各個体の値のうち、自由にとることのできる余地のある値の数（一意に定まらない値の数）を指す。基本的に、それは観測対象の標本に含まれる個体数（$n$）と一致するのであるが、母数の推定を重ねる場合には注意を要する。

分散を計算するときに使う「偏差」を例に考えてみよう。母集団における「偏差」は、$Y_i - \mu_Y$（各個体の値－母平均）であり、母集団から抽出される標本に含まれる $n$ 個の各個体の「偏差」が一意に定まることはない。したがって、それを用いて計算される偏差二乗和や分散といった統計量の自由度は $n$ である。これは、母平均がわかっている場合の自由度である。

一方、母平均がわからない（母集団における偏差がわからない）場合、偏差は $Y_i - \overline{Y}$（各個体の値－標本平均）で代用することになる。このとき、標本における偏差の合計は必ず“0”になる（3章、p.42）ので、1番目の個体、2番目の個体、…$n-1$ 番目の個体の値が定まれば、最後の $n$ 番目の個体の値は自動的に定まる（自由な値をとる余地がなくなる）。したがって、それを用いて計算される偏差二乗和や分散といった統計量の自由度は $n-1$ になるのである。5章で紹介したように、母分散の点推定値として利用される「不偏分散」を計算するときに、標本における偏差二乗和を $n$ ではなく $n-1$ で割るのは、上記のように、「母平均の代わりに標本平均を用いて、母集団の偏差（二乗和）を推定する」ことにより、自由度が1つだけ失われたからというのが理由である。

このように、ある母数（母分散など）を推定するときに、別の未知の母数（母平均など）の代用として標本統計量（標本平均など）を使う場合、

自由度=個体数－代用した統計量の数

となる。後の章で展開される様々な検定において、自由度の計算方法はそのつど異なってくるが、その基本的な考え方は、上記のように共通したものである。

# 7 グループ間の平均の差の検定(1)：$Z$ 検定・$t$ 検定

林　拓也

**《7 章の目標》** 標本調査データにおける 2 グループ間の平均値の差を検討する方法について学ぶ。その際、標準誤差が既知の場合および未知の場合の差の検定について学んでいく。

**《キーワード》** 平均値の差の検定、$t$ 検定、両側検定、片側検定

## 1．平均値の差の検定

社会調査を行うと、得られたデータを 2 つのグループに分けて、それぞれの平均値を比較することがある。たとえば、大学を卒業した人と高校を卒業した人の間ではその後に受け取る賃金が異なる、という仮説を検討するには、両者の間での収入を比較する必要がある。このように標本調査データから母平均の差を検証する方法を**平均値の差の検定**（mean difference test）と言う。まず、その発想について学習しよう。

2 つのグループの間の平均値を比較するということは、つまりグループ変数（離散変数）別に量的変数（連続変数）の大きさを比べることである。したがって、グループ間の平均値の差の検定は、離散変数と連続変数との関連を検証するとも言える。ある連続変数の平均値が、2 つのグループの間で差があるか否か検討するにあたっての帰無仮説（$H_0$）と対立仮説（$H_1$）は以下の通りである。

$H_0$：2つのグループにおける母平均には差がない（$\mu_1 = \mu_2$）
$H_1$：2つのグループにおける母平均に差がある（$\mu_1 \neq \mu_2$）

つまり、差の検定では、「2つのグループにおける母平均には差がない」という仮説を検証し、帰無仮説が棄却された場合に、「2つのグループの母平均には差がある」と見なすわけである。先ほどの最終学歴と収入の例で言うと、「大学を卒業した人の平均収入$\mu_1$と高校を卒業した人の平均収入$\mu_2$に差はない」と言えない場合に（帰無仮説が棄却)、両者の収入に差があると判断する。

なお、平均値の差の検定には両側検定と片側検定がある[1)]。上の例は両者の平均収入に差があるか否かのみに焦点を絞っていた。したがって、$\mu_1 \neq \mu_2$となれば帰無仮説が棄却され対立仮説が支持される。この場合は、$\mu_1 < \mu_2$、$\mu_1 > \mu_2$どちらの状況も考えられるので、対立仮説の方向は特定されない。そうしたときに行うのは両側検定である。

しかし、平均値の比較の場合には、どちらかが大きい、または小さいというふうに方向を限定している場合も多い。先の最終学歴のケースでも、一般的には大学を卒業した人のほうが平均収入が高いと見なすであろう。そうしたときに、対立仮説は「大学を卒業した人の平均収入は高校を卒業した人の平均収入よりも高い（$\mu_1 > \mu_2$)」となる。このように、対立仮説の方向を特定した場合には片側検定を行う。

平均値の差の検定は、標準誤差が既知の場合（大標本の場合）と標準誤差が未知の場合（小標本の場合）において、計算方法が若干異なる。以下ではそれぞれについて学習していこう。

---

1）詳しくは2節（3）で解説する。

## 2. 標準誤差が既知の場合（大標本の場合）

### （1）統計量の算出

２つのグループの平均値（$\mu_1$、$\mu_2$）が等しいということは、つまり、$\mu_1 - \mu_2 = 0$ になるということだ。５章２節で説明したように、標本サイズが十分に大きい場合、標本平均の分布は正規分布に近づき、平均 $\mu$、分散 $\sigma^2/n$ の正規分布に従う。これを応用すると、平均 $\mu_1$ で分散 $\sigma_1^2$ の母集団、平均 $\mu_2$ で分散 $\sigma_2^2$ の母集団から $n_1$ と $n_2$ の標本を無作為に抽出すると、２つの標本平均（$\bar{Y}_1$、$\bar{Y}_2$）が得られる。この２つの標本平均の差は、平均 $\mu_{\bar{Y}_1-\bar{Y}_2} = \mu_1 - \mu_2$、標準偏差（標準誤差）$\sigma(\bar{Y}_1 - \bar{Y}_2) = \sqrt{\frac{\sigma_1^2}{n_1} + \frac{\sigma_2^2}{n_2}}$ の正規分布に従う。差の検定の場合は、$\mu_1 - \mu_2 = 0$ と仮定するので、標本分布は**図表７－１**のようになる。

**図表７－１　平均の差の標本分布**

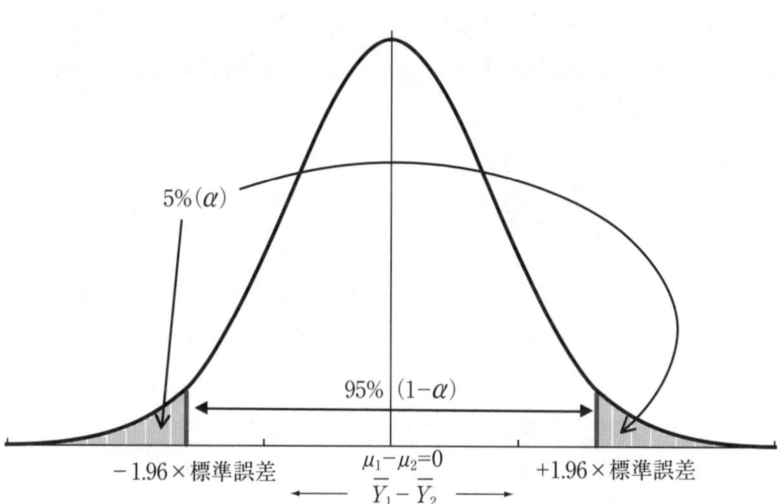

この図を見ればわかるように、$\mu_1 - \mu_2 = 0$と仮定すると、2つの標本平均の差（$\overline{Y}_1$-$\overline{Y}_2$）も0になる確率が最も高くなる。そして、0からプラス方向、マイナス方向に離れていくに従い、その値の出現率は低くなる。つまり、差の検定は、$\mu_1 - \mu_2 = 0$と仮定した際に、$\overline{Y}_1$-$\overline{Y}_2$の数式により導かれた値の出現率から、2つのグループの平均値の間に差があるか否か判断しているのである。仮に、$\overline{Y}_1 - \overline{Y}_2$から導かれた値の出現率が5%未満である場合には、$\mu_1 - \mu_2 = 0$の仮定が誤っていると判断し（$\mu_1 - \mu_2 \neq 0$）、2つのグループの平均値には差があると見なす。

そうすると、あとは標本平均の差の$z$得点を算出すれば、正規分布表からその値の出現率を求めることができる。しかし、その際、注意が必要である。標本平均の差の$z$得点を算出するためには、標本分布の標準偏差（標準誤差）がわからなくてはならない。しかし、通常の社会調査において、同一の母集団を想定し、何回も標本調査をすることは考えにくい。その場合、$n$が十分に大きいならば（$n \geqq 50$）、母分散$\sigma_1^2$、$\sigma_2^2$は標本分散$s_1^2$、$s_2^2$を用いて推定することができる。この性質を利用すれば、標本分散から標準誤差$\sigma_{(\bar{Y}_1 - \bar{Y}_2)} = \sqrt{\frac{\sigma_1^2}{n_1} + \frac{\sigma_2^2}{n_2}}$を推定することができる。数式は以下の通りである。

$$\hat{\sigma}_{(\bar{Y}_1 - \bar{Y}_2)} = \sqrt{\frac{s_1^2}{n_1} + \frac{s_2^2}{n_2}} \quad \text{（式 7.1）}$$

標準誤差がわかれば、$z$得点の計算方法は、3章で学んだものと変わらない。すなわち、標本平均の差から母平均の差を引いた値を標準誤差で割ればよいのである。そこで、母平均の差$\mu_1 - \mu_2$は0になると仮定しているので、数式を修正すると以下のようになる。

$$z_{(\bar{Y}_1-\bar{Y}_2)}=\frac{(\bar{Y}_1-\bar{Y}_2)-(\mu_1-\mu_2)}{\sigma_{(\bar{Y}_1-\bar{Y}_2)}}=\frac{\bar{Y}_1-\bar{Y}_2}{\sqrt{\frac{\sigma_1^{\ 2}}{n_1}+\frac{\sigma_2^{\ 2}}{n_2}}}\quad（式7.2）$$

この式の標準誤差$\sigma_{(\bar{Y}_1-\bar{Y}_2)}$を先に挙げた推定値を使って表したものが式7.3である。

$$z_{(\bar{Y}_1-\bar{Y}_2)}=\frac{\bar{Y}_1-\bar{Y}_2}{\hat{\sigma}_{(\bar{Y}_1-\bar{Y}_2)}}=\frac{\bar{Y}_1-\bar{Y}_2}{\sqrt{\frac{s_1^{\ 2}}{n_1}+\frac{s_2^{\ 2}}{n_2}}}\quad（式7.3）$$

このようにして算出した$z$得点と設定した有意水準$\alpha$の限界値を比較し、$z$得点の値が棄却域に入れば、2つのグループの平均に差はないとする帰無仮説は棄却され、差があるという結果を導くことができる。

### （2）検定の実例

では、実際に仮説検定をしてみよう。**図表7－2**は戸建て、分譲など家をもっている人と賃貸、寮、社宅など家をもっていない人の居住年数の記述統計を表している。平均の差の検定を使って、家をもっている人、もっていない人の間で居住年数に差があるのか否か確認してみよう。

**図表7－2　持ち家の状況別の居住年数の記述統計（松戸市調査から）**

| | 平均値 | 分散 | 度数 |
|---|---|---|---|
| 持ち家（戸建て、分譲） | 2.84 | 5.44 | 146 |
| 賃貸、寮、社宅など | 2.90 | 8.78 | 137 |

①2つのグループの間の平均に差がないという帰無仮説を設定する。

$H_0$：母集団において、家を持つ人と持たない人の平均居住年数

に差はない

$H_1$：母集団において、家を持つ人と持たない人の平均居住年数に差がある

②有意水準を設定する。

$\alpha = 5\%$

③母数に基づく標本の確率分布と、その分布における帰無仮説が棄却される境界の値を標準正規分布表にて確認する。

有意水準$\alpha$を5%としたので、標準正規分布表で平均$z=0$を中心とする95%の範囲外が棄却域となる。標準正規分布表によれば、有意水準5%の境界の値は$z=\pm1.96$である（**図表7－1**参照）。

④実際の標本データが、帰無仮説に基づく確率分布のどこに位置するかを算定する（検定統計量）。

2つの母平均の差（$\mu_1-\mu_2$）を0と仮定すると、2つの標本平均の差（$\overline{Y}_1-\overline{Y}_2$）は確率分布のどこに位置するかを算定する。

$$z_{(\bar{Y}_1-\bar{Y}_2)}=\frac{2.84-2.90}{\sqrt{\dfrac{5.44}{146}+\dfrac{8.78}{137}}}=-0.19$$

⑤この検定統計量が、③で確認した限界値を超えている場合は、帰無仮説を棄却し、対立仮説を採択する。限界値を超えていない場合は、帰無仮説を棄却しない。

検定統計量$-0.19$は限界値$\pm1.96$を超えていないので、帰無仮説は

棄却されない。すなわち、対立仮説「家をもつ人、もたない人の平均居住年数に差はない」が採択される。

ここで注意してほしいのは、平均の差の検定は、あくまで差の有無を確認するものということだ。実際に差の大小を議論する際には、検定をするだけでなく２つのグループの平均値をしっかりと吟味する必要がある。

**練習問題**

【例題 7.1】子どもが一人だけの人と二人以上の人の育児ストレスの差を確認するために松戸市で質問紙調査を行った。その結果、**図表７−３**のような結果が得られた。この表をもとに、子どもが一人だけの人と二人以上の人の育児ストレス[2)]の平均値に差があると言えるか、平均値の差の検定を行って確認しなさい。有意水準 $\alpha$ は5%とする。

**図表７−３　子どもの人数別の育児ストレスの記述統計（松戸市調査から）**

| | 平均値 | 分散 | 度数 |
|---|---|---|---|
| 子ども一人 | 7.07 | 3.59 | 148 |
| 子ども二人以上 | 8.59 | 4.36 | 144 |

2）育児ストレス尺度は以下のように作成した。松戸市の調査では、「育児から解放されたいと思ったこと」「ついつい子どもにあたってしまうこと」「子どもを産んでよかったと思うこと」「子どもと一緒だと迷惑がかかると思ったこと」という文章に対して「まったくなかった」「ごくまれにあった」「ときどきあった」「何度もあった」の選択肢から一つ選ぶ形式で質問をした。「子どもを産んでよかったと思うこと」以外の３項目については、「まったくなかった」を１点、「ごくまれにあった」を２点、「ときどきあった」を３点、「何度もあった」を４点と、育児にかんして負の経験が多い人ほど得点が高くなるように変換した。「子どもを産んでよかったと思うこと」については、「まったくなかった」を４点、以下、３点、２点、１点と点数を逆転した。各得点の合計が育児ストレスである。

### (3) 両側検定と片側検定

検定の際の、対立仮説における値の範囲について、若干補足しておきたい。ここまでの例で設定した対立仮説「母平均に差がある」というのは、母平均の差が「0 以外」であることを意味する。しかし、現実の社会には、【特定の値】より大きい(または、【特定の値】より小さい)という形で、あらかじめ方向を限定した対立仮説が提示されることもある。前者のように、対立仮説の方向を限定しない検定を**両側検定**(two-tailed test)と呼び、後者のように、方向をどちらかに限定する検定を**片側検定**(one-tailed test)と呼ぶ。検定の対象や利用する確率分布によってはこれらを区別せずに行うものもあるが(カイ二乗検定、F 検定など)、前章で扱った平均値や比率の検定、そして本章で扱う平均値の差の検定では、対立仮説しだいでいずれの方法でも適用可能である。

その場合には、帰無仮説を棄却する限界値が異なってくる。巻末の標準正規分布表における「有意水準($\alpha$)」を見ると、有意水準を 5%と設定した場合、「④両側」の場合の $z$ 値は "1.960" であるのに対して、「③片側」の場合の値は "1.645" である。先の居住年数の例で、対立仮説を「持ち家の人の居住年数は、家を持たない人の居住年数より短い」とすると、平均 $z=0$ を中心とする標準正規分布表において、対立仮説で示されるデータが現れるのは、$z<-1.645$ の領域ということになる(**図表 7-4**)

図表7－4　片側検定の例

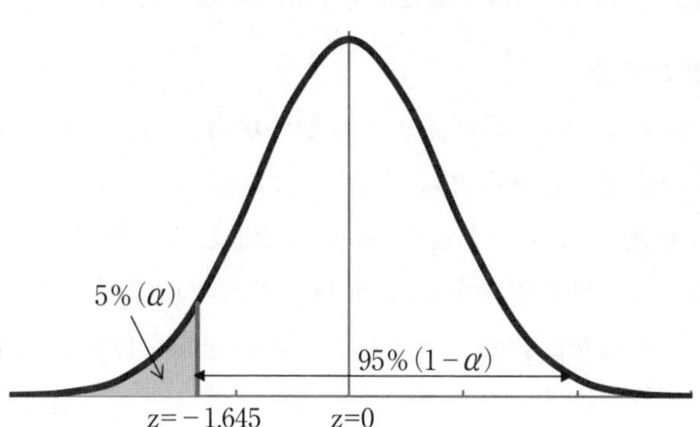


ただし、片側検定を行う際には、対立仮説がなぜ特定の方向に限定されるのかを、結果論ではなく、分析の前に、何らかの論理的な根拠に基づき説明しておく必要がある。こうした根拠が提示されない場合は、両側検定を用いる。また、次に説明する $t$ 検定においても、両側検定、片側検定いずれも行うことができる。

**練習問題**

【例題 7.2】一般的には、子どもの数が多いほうが手間もかかり、育児ストレスが高くなると考えられる。そこで、例題 7.1 で行った課題ついて、帰無仮説、対立仮説を設定し、片側検定を用いて差があるか否か確認しなさい。有意水準 $\alpha$ は 5%とする。

## 3. 標準誤差が未知の場合（小標本の場合）

### （1） 統計量の算出

2つの母集団における標準誤差が未知の場合、あるいは標本が小さい場合にも差の検定を行うことはできる。その際には$t$分布を用いた検定、すなわち、***t*検定**（t-test）を行う[3)]。6章で示したように$t$値を算出する際には、標本における不偏分散$s^2$を利用する。したがって、$t$検定を行う際には、標準偏差がわかればよい。検定の発想自体は、標準誤差が既知の場合と同様である。すなわち、「二つのグループにおける母平均には差がない」という帰無仮説を検定する。

$t$検定を行う場合にも、標本分散から母分散を推定する。その際グループ1の標本分散$s_1^2$、グループ2の標本分散$s_2^2$のどちらを使用してもよいのだが、最良の推定を行うために、$s_1^2$と$s_2^2$で重みづけされた平均値を用いる。すなわち、2つの標本の分散を考慮しつつ推定値を導き出すのである。数式は7.4の通りである。

$$s^2=\frac{(n_1-1)s_1^2+(n_2-1)s_2^2}{n_1+n_2-2} \quad \text{（式 7.4）}$$

この式における分母は$s^2$の自由度であり、グループ1と2の自由度の和、$(n_1-1)+(n_2-1)=n_1+n_2-2$から求められる。この母分散の推定値$s^2$を用いて、2つの平均の差に関する統計量を以下の式によって求めることができる。

$$t_{(n_1+n_2-2)}=\frac{(\overline{Y}_1-\overline{Y}_2)-(\mu_1-\mu_2)}{s_{(\bar{Y}_1-\bar{Y}_2)}}=\frac{\overline{Y}_1-\overline{Y}_2}{\sqrt{\dfrac{s^2}{n_1}+\dfrac{s^2}{n_2}}} \quad \text{（式 7.5）}$$

このようにして算出した$t$値と設定した有意水準$\alpha$の限界値を比較

3) ここで行う$t$検定は、2つの独立した集団の間の平均の差を検定する目的で行う。その他にも、同一の標本（同一個人など）について測定した2つの平均の差を検定するためにも$t$検定を行うことがある。これを「対応のある$t$検定」と呼ぶ。

し、$t$ 値が棄却域に入れば、2 つのグループの平均値に差はないとする帰無仮説は棄却され、差がある、という結果を導くことができる。

なお、$t$ 検定を行う際には以下の 2 つの注意が必要である。

①2 つの標本は、平均値を算出する対象の連続変数が正規分布にしたがう母集団から独立に抽出されたものであること。
②2 つの母集団の分散が等しいこと。

この 2 点については、あまり神経質にならなくてもよいと言われている。第一の点については、正規分布から極端に外れてなければそれほど気にする必要はない。第二の点を注意する理由は、結局のところ 2 つの母集団の分散の違いが大きいと、統計的に有意といえる差が平均の差によるものか分散の差によるものか、わからなくなるからである。しかしながら、分散が大きく異なっていなければあまり問題はないとされる。8 章で扱う F 検定により分散が等しいか否かを検討し、等分散でない場合には異なった方法を用いることで差の検定をすることもできる。ただし、これについては本章の扱う範囲を超えるのでここでは解説しない。

### （2）検定の実例

**図表 7－5** は、同じ市内の中心部に住む人と周辺部に住む人が店舗に着くまでの平均時間（分）を表した架空データである。まず、仮説を設定しよう。

**図表 7－5　店舗への到達時間（架空データ）**

| | 平均値 | 分散 | 度数 |
|---|---|---|---|
| 中心部 | 8.18 | 13.16 | 11 |
| 周辺部 | 21.67 | 34.70 | 12 |

①町の中心部と周辺部であれば、中心部に住む人のほうが店舗には近いと考えられる。そこで、帰無仮説は「母集団において、中心部と周辺部の店舗アクセスの平均時間に差はない」とし、対立仮説は「母集団において、中心部に住む人のほうが周辺部に住む人よりも店舗までの平均時間が短い」とする。つまり、対立仮説の方向を一方に特定した片側検定を行うのである。

②有意水準 $\alpha$=5%と設定する。

③標本平均の分布は自由度 11＋12－2=21 の $t$ 分布に従う。巻末の $t$ 分布表で自由度 21 と有意水準 0.05(片側)が交差する部分を確認すると、値は "1.721" となっている。一方が他方よりも小さい（短い）と想定した片側検定なので－1.721 が限界値となる。

④実際のデータに基づく検定統計量 $t$ を算出するためには、まず、母分散を推定し、それから、$t$ 値を求める。手順は以下の通りである。

$$s^2=\frac{(n_1-1)s_1^{\ 2}+(n_2-1)s_2^{\ 2}}{n_1+n_2-2}=\frac{(11-1)\times 13.16+(12-1)\times 34.70}{11+12-2}=24.44$$

ここから自由度 21 の $t$ 値を求めると以下のようになる。

$$t_{(21)}=\frac{8.18-21.67}{\sqrt{\frac{24.44}{11}+\frac{24.44}{12}}}=-6.54$$

⑤検定統計量は限界値（－1.721）を下回るため、帰無仮説を棄却し、対立仮説「母集団において、中心部に住む人のほうが周辺部に住む人

よりも店舗までの平均時間が短い」が採択される。

**練習問題**

【例題7.3】**図表7－6**はA社の管理職と技術職の1日あたりの労働時間の平均値および分散を表している。この表から$t$検定を用いて管理職と技術職の労働時間の平均値に差があるか否か検定を行って確認しなさい。ただし、いずれの職種の労働時間が長いか定かではないため両側検定を用いる。また、有意水準は5%とする。

**図表7－6　管理職と技術職の労働時間の記述統計（架空データ）**

| | 平均値 | 分散 | 度数 |
|---|---|---|---|
| 管理職 | 8.85 | 2.61 | 10 |
| 技術職 | 8.60 | 6.71 | 10 |

**復習のポイント**

1. 2つのグループの平均値の差の検定とはいかなることを行うものか。それによってどのようなことを明らかにできるのか。
2. 標準誤差が既知の場合（大標本の場合）の平均値の差の検定はどのような手順で行うか。
3. 標準誤差が未知の場合（小標本の場合）の平均値の差の検定はどのような手順で行うか。
4. 両側検定と片側検定はどのような状況で用いるか。

# 8　グループ間の平均の差の検定（2）：分散分析と$F$検定

林　拓也

**《8章の目標》**　3グループ以上の平均値の差を検定する際に用いる方法について学ぶ。分散分析では、データ全体の平方和を群間平方和と群内平方和に分解する。それらの比が$F$分布にしたがうことを応用した$F$検定の手順を確認する。

**《キーワード》**　平均値の差の検定、分散分析、$F$検定

## 1．グループ別の平均と平方和の分解

### （1）平方和の分解

前章で見たように、複数のグループの平均値を比較して検定を行うときには、単に平均の差だけをみるのではなく、各グループ内の分散も考慮する。グループ内の分散を算出するには各グループの平均を用いることから、分散に着目することによっても平均値の差の検定を行うことができる。本章で扱う分散分析（analysis of variance：ANOVA）では、その検定を行うにあたって、データ全体の分散（計算上は「平方和」）をグループ間の分散とグループ内の分散に分解する。**図表8－1**で示すのは、ある所属集団（A・B）別にみた1週間の労働時間のデータ例である。集団Aの平均は44時間、集団Bの平均は52時間、その平均の差は8時間であった。このデータを用いて、平均からの偏差二乗和である**平方和**を計算してみよう。その場合、どの値に関するどの平均からの

偏差を扱うかによって３種類の平方和を導出できる。

１つめは、各個体の値 $Y_i$ に関して全体平均 $\overline{Y}$ からの偏差に基づいて式 8.1 から計算される**全平方和**（total sum of squares：“$SS_{TOTAL}$” と表記）である。これは分散の計算過程における「偏差二乗和」（3 章）に相当し、データ全体の散らばりを表す。

$$SS_{TOTAL} = \sum_{i=1}^{n} (Y_i - \overline{Y})^2 \quad （式 8.1）$$

**図表８－１　所属集団と１週間の労働時間（架空データ）**

| | 集団 A | 集団 B |
|---|---|---|
| 個体の値 | 39 | 47 |
| | 41 | 49 |
| | 43 | 51 |
| | 45 | 53 |
| | 47 | 55 |
| | 49 | 57 |
| グループ平均 | 44 | 52 |
| 全体平均 | 48 | |

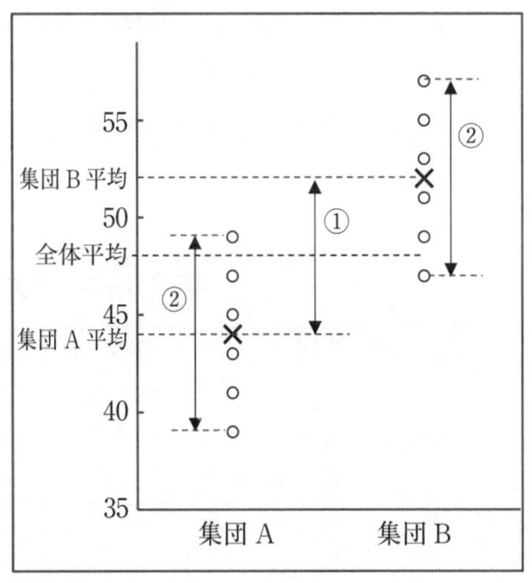


○ 個体の値
× グループ平均

２つめは、個体が所属するグループ $j$（$j$=1, 2, ..., $J$）の平均 $\overline{Y}_j$ に関する全体平均 $\overline{Y}$ からの偏差に基づいて式 8.2 から計算される**群間平方和**（between sum of squares：“$SS_{BETWEEN}$” と表記）であり、グループによる値の散らばりを表す（図中①に相当）。

$$SS_{BETWEEN} = \sum_{j=1}^{J} n_j (\overline{Y}_j - \overline{Y})^2 \quad (\text{式 } 8.2)$$

3つめは、グループ$j$に所属する個体の値$Y_{ij}$に関するグループ平均$\overline{Y}_j$からの偏差に基づいて式8.3から計算される**群内平方和**（within sum of squares：“$SS_{WITHIN}$”と表記）であり、グループ内部の値の散らばりを表す（図中②に相当）。

$$SS_{WITHIN} = \sum_{j=1}^{J} \sum_{i=1}^{n} (Y_{ij} - \overline{Y}_j)^2 \quad (\text{式 } 8.3)$$

**図表8－2**は、先のデータ例について3つの平方和を計算する過程と結果である。これらの値は、

全平方和=群間平方和＋群内平方和

という関係にあることが確認される。

**図表8－2　平方和の計算**

| | | | | | | | | | |
|---|---|---|---|---|---|---|---|---|---|
| 個体の値 | 集団A | 39 | 41 | 43 | 45 | 47 | 49 | | |
| | 集団B | 47 | 49 | 51 | 53 | 55 | 57 | | |
| 偏差1 | 集団A | −9 | −7 | −5 | −3 | −1 | 1 | ➡ 全平方和 | 332 |
| | 集団B | −1 | 1 | 3 | 5 | 7 | 9 | | |
| 偏差2 | 集団A | −4 | −4 | −4 | −4 | −4 | −4 | ➡ 群間平方和 | 192 |
| | 集団B | 4 | 4 | 4 | 4 | 4 | 4 | | |
| 偏差3 | 集団A | −5 | −3 | −1 | 1 | 3 | 5 | ➡ 群内平方和 | 140 |
| | 集団B | −5 | −3 | −1 | 1 | 3 | 5 | | |

※偏差1=個体の値－全体平均
偏差2=グループ平均－全体平均
偏差3=個体の値－グループ平均

**練習問題**

【例題 8.1】以下の**図表 8－3** で示す集団C・Dのデータ例について、3つの平方和を計算せよ。なお、このデータ例における平均労働時間の差は、先の**図表 8－1** と同じく8時間であるが、平方和がどのように異なるかを確認してみよ。

**図表 8－3　所属集団C・Dと1週間の労働時間（架空データ）**

| | 集団C | 集団D |
|---|---|---|
| 個体の値 | 34 | 42 |
| | 38 | 46 |
| | 42 | 50 |
| | 46 | 54 |
| | 50 | 58 |
| | 54 | 62 |
| グループ平均 | 44 | 52 |
| 全体平均 | 48 | |

## (2) 平均平方と分散分析表

3章・5章で見たように、データ全体の不偏分散は、全平方和（偏差二乗和）を自由度「$n-1$」で割った値である。同じように、群間平方和・群内平方和もそれぞれの自由度で割ることにより、グループ間・グループ内の分散に相当する値を計算することができる。平方和を自由度で割って算出した値を**平均平方**（mean squares：“$MS$” と表記）と呼ぶ。群間平方和の自由度はグループ数$J-1$であることから、群間平均平方は式 8.4 から計算される。

$$MS_{BETWEEN}=\frac{SS_{BETWEEN}}{J-1} \quad (\text{式 } 8.4)$$

群内平方和の自由度は個体数 $n$ − グループ数 $J$ であることから、群内平均平方は式 8.5 から計算される。

$$MS_{WITHIN} = \frac{SS_{WITHIN}}{n-J} \quad (式\ 8.5)$$

この後でみるように、平均の差の検定を行う場合には、式 8.6 のように群間平均平方と群内平均平方の比をとった **$F$ 比**（または $F$ 値）を検定統計量とする。

$$F = \frac{MS_{BETWEEN}}{MS_{WITHIN}} \quad (式\ 8.6)$$

**図表 8－4** は、先の集団 A・B に関するデータから、平方和・自由度・平均平方・$F$ 比を順に計算した結果を表にまとめたものであり、これを**分散分析表**と呼ぶ。

**図表 8－4　集団 A・B の労働時間に関する分散分析表**

| | 平方和 | 自由度 | 平均平方 | $F$ 比 |
|---|---|---|---|---|
| 群間 BETWEEN | 192 | 1 | 192 | 13.714 |
| 群内 WITHIN | 140 | 10 | 14 | |
| 全体 TOTAL | 332 | 11 | | |

**練習問題**

【例題 8.2】先の【例題 8.1】で示した**図表 8－3** のデータ例について、分散分析表を作成せよ。

## 2. *F* 検定の手順と実例

先のデータでは２つのグループの例を示したが、分散分析で扱うグループの数はいくつでも構わない。実際には、前章の $t$ 検定が２グループに限られるので、３グループ以上を扱う場合に分散分析による検定が行われることが多い。検定に際して用いる検定統計量が $F$ 比であることから、分散分析に基づく検定を ***F* 検定**と呼ぶ。ここでは、社会調査から得られた実データを用いて、４グループ間の平均の差を検定する手順を解説する。**図表８−５**に示すのは、調査回答者の最終学歴を累積年数に換算した「教育年数」[1) ]の平均を、各回答者の居住する地域グループ間で比較した結果である。

**図表８−５　地域グループによる平均教育年数の比較**

| | 度数 | 平均 | 全平方和 |
|---|---|---|---|
| 回答者全体 | 1388 | 12.985 | 6770.682 |

| 地域別 | 度数 | 平均 | 群内平方和 |
|---|---|---|---|
| 大都市 | 137 | 13.606 | 620.715 |
| 大都市近郊 | 268 | 13.802 | 1180.519 |
| 地方都市 | 567 | 13.005 | 2756.984 |
| 町村・農山漁村 | 416 | 12.226 | 1740.760 |

出典）ISSP-2019 年（社会的不平等）データに基づき作成

手順①　グループ間で母平均が同じという帰無仮説をたてる。

$H_0$：母集団において、すべてのグループの平均は同じである

（$\mu_1 = \mu_2 = \mu_3 = \mu_4$）

$H_1$：母集団において、いずれかのグループの間で平均は異なる

---

1) 中学卒であれば９年、高校卒は 12 年、短期大学・高等専門学校卒は 14 年、大学・大学院卒は 16 年と換算した。

（$\mu_1 \neq \mu_2$、または $\mu_1 \neq \mu_3$、または…）

| 手順② 有意水準 $\alpha$ を設定する。 |
|---|

$\alpha = 0.05$ とする。

| 手順③ 母数に基づく標本の確率分布と、その分布における帰無仮説が棄却される境界の値（限界値）を確認する。 |
|---|

$F$ 比の標本分布は、**$F$ 分布**という理論的確率分布にしたがう（**図表8－6**）[2)]。$F$ 比を計算するときには、群間・群内平方和それぞれの自由度を用いていたことから、$F$ 分布もこの 2 つの自由度によって分布の形状が異なる。

**図表8－6　$F$ 分布**

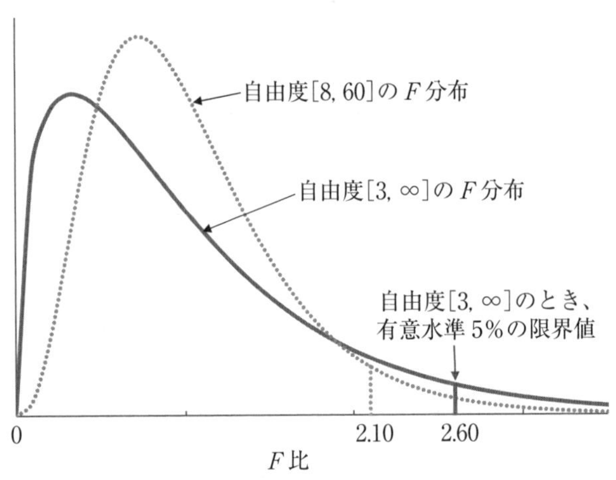


有意水準 5%の場合の限界値は、巻末の $F$ 分布表（p.233）から確認できる。この例では、群間自由度 3・群内自由度∞のときの 2.60 が限界

2) その前提となる条件は、母集団において値の分布が正規分布であること、グループ間で母分散が等しいこと、各グループから標本が独立に抽出されていることである。

値となる。なお、それぞれの平方和およびそこから計算される $F$ 比は0以上の正の値をとるので、$F$ 分布における限界値は正の値のみであり、**図表8－6**における棄却域は限界値右側の領域に該当する。

| 手順④ | 実際の標本データが、帰無仮説に基づく確率分布のどこに位置するか（検定統計量）を算定する。 |
|---|---|

実データに基づいて、平方和の分解および平均平方の算出を分散分析表にまとめつつ、検定統計量である $F$ 比を求める。先のデータに基づくと、全平方和は6770.682、群内平方和についてすべてのグループのそれを合算して6298.978となる。群間平方和は、全平方和－群内平方和=471.704と計算される。これをふまえて、分散分析表を作成した結果が**図表8－7**である。

**図表8－7　分散分析表**

| | 平方和 | 自由度 | 平均平方 | $F$ 比 |
|---|---|---|---|---|
| 群間 $_{\text{BETWEEN}}$ | 471.704 | 3 | 157.235 | 34.55 |
| 群内 $_{\text{WITHIN}}$ | 6298.978 | 1384 | 4.551 | |
| 全体 $_{\text{TOTAL}}$ | 6770.682 | 1387 | | |

| 手順⑤ | 手順④で算出された検定統計量が、③で確認した限界値を超えている場合は、帰無仮説を棄却し、対立仮説を採択する。限界値を超えていない場合は、帰無仮説を棄却しない。 |
|---|---|

検定統計量＞限界値なので、帰無仮説を棄却し、対立仮説を採択する。よって、4つの地域グループいずれかの間で、教育年数の母平均に差があると結論づけられる。

なお、この検定結果のように対立仮説が採択された場合でも、具体的にどのグループの間で差があると言えるのかは特定できない。それを特定したい場合には、それぞれのグループペア間の平均の差に関する「多重比較」という別の検定を行うと良い（以下の【コラム６】参照）。

### 【コラム6】検定を繰り返すことの問題とその対処法

３グループ以上の平均の差を検定するとき、７章で紹介した２グループ間の差の検定を繰り返して、たとえばグループＡ−Ｂの差、Ａ−Ｃの差、Ｂ−Ｃの差、……について $t$ 検定を行えば良いと考えるかもしれない。しかし、このような繰り返しは、「帰無仮説が正しいのに誤って棄却する確率」（第一種の過誤）を高めてしまうことにつながる。たとえば、有意水準 $\alpha$ を5%と設定した場合、1回の検定ならばその過誤は5%（未満）であるが、それを２回繰り返すと9.75%（=0.05＋{0.95×0.05}）に上昇、３回繰り返すと14.3%にものぼる。

多重比較のための検定のひとつである「ボンフェローニ法」では、このように繰り返した場合の過誤をあらかじめ見積もった上で有意水準を調整する。たとえば、４グループを対象とすると検定を６回繰り返すことになるので、１回あたりの検定の有意水準を5%÷6≒0.83%としておけば、その検定を６回繰り返しても過誤は5%未満に抑えることができる。ただ、この基準は厳しめであり、「帰無仮説が正しくないのに誤って採択する確率」（第二種の過誤）を高めてしまうことも指摘される。多重比較の方法は他にもさまざまな種類があるので、詳しくは他の参考書（ボーンシュテッド＆ノーキ『社会統計学入門』：pp.189-192）なども参照されたい。

# 3. 分散分析の応用

本章で紹介した分散分析に基づいて、いくつかの応用的な統計量や分析法が利用されることがある。

## （１）相関比：関連の強さを測る

ある連続変数における値の散らばりが、別の離散変数によるグループ分けによってどの程度説明されるか（どの程度の関連があるか）を評価するための統計量として、**相関比**（correlation ratio："$\eta$"（イータ）と表記）がある。相関比の二乗$\eta^2$は、以下のように、全体の散らばり（全平方和）に占めるグループ間の散らばり（群間平方和）の比として算出される。

$$\eta^2 = \frac{SS_{BETWEEN}}{SS_{TOTAL}} \quad \text{（式 8.7）}$$

この値は０から１の範囲をとり、０の場合は、連続変数の値の散らばりが離散変数（グループ）によってまったく説明されないこと、言い換えると２変数の関連がまったくないことを示す。その値が１に近づくほど、離散変数のグループによって連続変数の散らばりがより多く説明される（変数間の関連が大きい）ことを示す[3)]。

地域による平均教育年数の差を扱った実データに適用すると、471.704/6770.682=0.0697という結果が得られる。このことから、教育年数の分散のうち約７%が地域グループ間の差によって説明されると言える。また、相関比$\eta$を算出する場合には、この$\eta^2$の平方根を求めれば良い。この例では$\eta = \sqrt{0.0697} = 0.264$となる。

3) この考え方と計算方法は、回帰分析における「決定係数」にもつながる。14章を参照。

### （2）多元配置分散分析：2つ以上の要因を分析する

本章で紹介した分散分析の例は、グループ分けの基準となる離散変数が単一（先の例では地域）であるが、基準となる離散変数が複数である場合にも分散分析を実行することが可能である。たとえば地域と性別という2つの要因に基づくグループ分けを行い、そのグループによる教育年数の平均の差を検定するときに、性別グループによる差、地域グループによる差、性別と地域の組み合わせによる差に分けて確かめることができる。このように、グループに関わる要因として、2つの離散変数を設定する場合を二元配置分散分析（two-way ANOVA）と言い、先の例のように要因が1つであれば一元配置分散分析（one-way ANOVA）と言う。また、要因が複数の場合を総称して**多元配置分散分析**（multi-way ANOVA）と呼ぶ。多元配置分散分析は、ある現象に対して複数の要因が影響しているときに、それぞれの要因の効果を検証するのに有効な「多変量解析」（15章参照）の一種である[4)]。

**復習のポイント**

1. 3種類の平方和をどのように計算するか。
2. 分散分析表を作成した上で、$F$ 比をどのように求めるか。
3. $F$ 分布を利用したグループ間の平均の差の検定を、どのような手順で行うか。

## 参考文献

ボーンシュテッド＆ノーキ（海野道郎・中村隆 監訳）『社会統計学—社会調査のためのデータ分析入門』（ハーベスト社、1992年）

4) 分散分析に関するその他の応用として、個体間の分散と個体内の分散（繰り返し測定）を扱う「対応のある」平均の差の検定がある。この方法は、心理学における実験や社会調査に基づくパネルデータなど、同一の回答者に対して同種のデータが複数得られている場合に用いられる。

# 9 離散変数間の関連(1)：クロス集計表と独立性の検定

田辺俊介

**《9章の目標》**離散変数どうしの関連を検討する際に用いられるクロス集計表の原理を理解するとともに、2つの離散変数の間の関連性の統計的検定や、その関連の強さを示す係数について学習する。
**《キーワード》**クロス集計表、独立性の検定

## 1. クロス集計表とは？

### （1）カテゴリー（や階級）の重なりごとの集計

ひとつの離散変数の分布を見るためには2章で学習した度数分布表を用いる（なお、連続変数も階級分けすることで離散変数と同様に度数分布表によって分布を見ることができるため、以下で述べる「離散変数」には階級分けした連続変数も含む）。しかし、2つの度数分布表を並べただけでは、2つの離散変数の間に存在する関連性はわからない。

数値のわかりやすさのためここでは架空例を用いるが、次のような2つの度数分布表（左が連続変数である年齢を階級分けした「年齢層」、右が離散変数であるある選挙に「投票したか否か」）があったとしよう。

図表9－1　年齢層と投票したか否かの度数分布表

| | 度数 | 相対度数 |
|---|---|---|
| 18-39歳 | 80 | 0.27 |
| 40-59歳 | 100 | 0.33 |
| 60歳以上 | 120 | 0.40 |
| 計 | 300 | 1 |

| | 投票した | 投票してない | 計 |
|---|---|---|---|
| 度数 | 180 | 120 | 300 |
| 相対度数 | 0.60 | 0.40 | 1 |

**図表9−1**を見ることで、データの中に18歳から39歳の人々が80人いること、あるいは投票した人の相対度数が0.6（60%）であることがわかる。そのように一変数の分布は度数分布表によって示すことができる。

それでは40歳から59歳の人々の中で投票した人は何人いるのだろうか。あるいは60歳以上で投票しなかった人の比率は、18歳から39歳の中の投票しなかった比率よりも低いのだろうか、それとも高いのだろうか。

そのような2つの離散変数間の関連を検討するための手法が、**クロス集計表**（cross tabulation）である（より短く「クロス表」と呼ぶことも多い）。その基本的な考え方は、2つの離散変数のカテゴリーが重なった（クロスした）ケースの数を数え上げて、それを表の形で示すものである。2つの変数のカテゴリーごとに分割して集計することから分割表（contingency table）、あるいは2つの離散変数の関連を見ることから連関表とも呼ばれる。

### （2）クロス集計表の読み方・作り方

クロス集計表は、2つの度数分布表を、カテゴリーごとの重なりを含めて組み合わせたものである。そのことを理解するために、先に挙げた**図表9−1**の2つの度数分布表の2つの変数（「年齢層」と「投票したか否か」）を組み合わせ、以下の**図表9−2**のクロス集計表を作成した。

**図表9−2　年齢層（行）と投票したか否か（列）のクロス集計表（度数）**

| 度数 | 投票した | 投票してない | 計 |
|---|---|---|---|
| 18-39歳 | 30 | 50 | 80 |
| 40-59歳 | 60 | 40 | 100 |
| 60歳以上 | 90 | 30 | 120 |
| 計 | 180 | 120 | 300 |

クロス集計表に含まれる情報の読み方を、用語を確認しつつ学んでいこう。まず2つのカテゴリーの重なりは、クロス集計表ではひとつひとつのマスで示され、それを**セル**(cell)と呼ぶ。たとえば**図表9－2**の左上、行の「18-39歳」と列の「投票した」が重なったセルには「30」という数字が入っている。そのセルの中に入るケースの数を**セル度数**（cell frequency）という。つまり行「18-39歳」と列「投票した」が交差したのセルを見ることで、18-39歳の人で投票した人が30人いる、ということがわかる。

次にセルの外側にある**計**（「合計」と書かれることもある）の部分を見ていこう。そこには1変数のカテゴリーごとの合計値が入り、その度数のことを**周辺度数**（marginal frequency）と呼ぶ。その「計」の部分の数値は、1変数の度数分布と同じになる。またその中の行方向を**行周辺度数**、列方向を**列周辺度数**と呼び分ける。**図表9－2**では、18-39歳の行の一番右側にある「80」という値が、18-39歳の人々の合計数を示しており、「行周辺度数」の1つである。あるいは列方向では「投票した」の列の一番下の「180」が投票したと答えた人の合計で、列周辺度数の1つとなる。

さらに表の一番右下は、クロス集計表に用いられている全ケース数を示す**総度数**（あるいは全体度数）である。また総度数は、行周辺度数の合計あるいは列周辺度数の合計と等しくなる。**図表9－2**では最下部の右端の「300」がその値となっている。

度数分布表では比率による相対度数（%、パーセント）を使うことで分布がわかりやすくなった。同じようにクロス集計表でも相対度数を用い、2変数の間の関係性を理解しやすくすることができる。その中の**行パーセント**（「行相対度数」とも呼ぶ）とは、それぞれのセル度数を同じ行の周辺度数で割ったパーセントである。つまり、行ごとのカテゴリーの中で、列内の特定のカテゴリーに属するケースの割合を示す数値となる。一方、**列パーセント**（「列相対度数」とも呼ぶ）はそれぞれのセル度数を同じ列の周辺度数で割ったパーセントである[1)]。

次の**図表9－3**は、行（年齢層）ごとの相対度数を示したクロス集計表である。たとえば左上の「18-39歳」と「投票した」の重なった部分には37.5%という数字が入っているが、これは18-39歳で投票したセル度数（30）を18-39歳の行周辺度数（80）で割った値（30 ÷ 80）で、「18～39歳の人の中で37.5%が投票した」と答えたことを示す。この値をみることで60歳以上の年齢層が他の年齢層よりも投票率が高いことがみてとれる。

**図表9－3　年齢層（行）と投票したか否か（列）のクロス集計表（行%）**

| 行% | 投票した | 投票してない | 計 |
|---|---|---|---|
| 18-39歳 | 37.5% | 62.5% | 100.0% |
| 40-59歳 | 60.0% | 40.0% | 100.0% |
| 60歳以上 | 75.0% | 25.0% | 100.0% |
| 計 | 60.0% | 40.0% | 100.0% |

一方、投票した人のうちの何%の人が特定の年齢層なのか、その列側の関係を見たい場合、列パーセントが用いられる。たとえば投票した人のうちの18-39歳の割合については、18-39歳で投票した人（30）のケース数を投票した人の列周辺度数（180）で割ることで算出でき、16.7%（30 ÷ 180）となる。その他の列パーセントの具体的な数値は、次の**図表9－4**のようになる。

1）全体に対するそれぞれのセル度数の割合を見たい場合には、各セル度数を総度数で割った「全体パーセント」が使われる。

**図表９－４　年齢層（行）と投票したか否か（列）のクロス集計表（列％）**

| 列％ | 投票した | 投票してない | 計 |
|---|---|---|---|
| 18-39 歳 | 16.7% | 41.7% | 26.7% |
| 40-59 歳 | 33.3% | 33.3% | 33.3% |
| 60 歳以上 | 50.0% | 25.0% | 40.0% |
| 計 | 100.0% | 100.0% | 100.0% |

### （３）行パーセント・列パーセントの使い分け

クロス集計表を作成した際に、その１つの表に行パーセントと列パーセントの両方を提示してしまうと、情報が多すぎることから見にくい表となってしまう。そのため、どちらか１つを提示することが望ましい。

それでは行パーセントと列パーセントのどちらを提示すべきなのか。基本的には、２変数間のどちらかの変数がもう一方の変数の原因となっていると考えられる場合は、原因の変数の側のパーセントを提示するのが原則である。この点も架空例を使って考えていこう。たとえば「年齢層ごとに投票するか否かの割合が異なる」という関係性を見る場合、「年齢（原因）によって投票するか否か（結果）が異なるか」ということなので、行側の年齢層による相対度数を示したクロス集計表が適切である。一方で「投票すると年齢が変わる」ことはないはずなので、逆は理論的になりたたない。

なお、以上のような２変数間の関連において、どちらかの変数が、もう一方の変数の原因となっている、と考えられる場合、原因となる側の変数を**独立変数**（independent variable）と呼び、もう一方の結果となる変数を**従属変数**（dependent variable）と呼ぶ[2)]。つまりクロス集計表で提示するのは、原則として独立変数の側、すなわち原因となる側の変数の各カテゴリーの相対度数（パーセント）である。

---

2）独立変数については「説明変数」や「予測変数」、従属変数については「被説明変数」や「目的変数」、「結果変数」などさまざまな呼び方もされる。それぞれ理論的意味づけに一定の差異はあるが、基本的に同じ事柄を指していると考えてよいだろう。

では実際に、「年齢層ごとに投票するか否かの割合が異なる」という変数の間の関係を想定して、行％の**図表９－３**と列％の**図表９－４**を見比べてみよう。**図表９－３**であれば年齢層ごとの投票率の差は一目瞭然である。たとえば40-59歳と60歳以上の投票率の差は、15ポイント（75％－60％）と簡単に算出できる。一方**図表９－４**の場合、「投票した」の列に入っているパーセントは確かに年齢層ごとに大きく違うが、その差は行周辺度数（年齢層のもともとの分布の違い）を含んでいる差である。そのため、その値の大小を見るだけでは年齢層ごとの投票率の違いは明確にはならない。

## 【コラム7】相関関係と因果関係

1つの変数の値が増えたり減ったりするのにあわせ、もう1つの変数の値も増減する場合、2つの変数の間に「共変関係」や「相関関係」があると言う。それに対し、ある変数が原因となり、他の変数がその結果となるような関係については「因果関係」という。

科学的研究の多くはそのような因果関係を探し出したり、確かめたりすることを目的とし、統計学もそのための不可決なツールの1つとしてに利用される。ただし、2つの変数（変数Aと変数B）の間に厳密な意味で「因果関係がある」というためには、最低限、次の3つの条件を満たす必要がある。

①変数Aが変数Bよりも時間的に先に発生している（時間先行性）。
②変数Aと変数Bが共変関係にある（相関性）。
③変数Aと変数Bが疑似相関ではない（非疑似相関性）。

この3つの条件のうち、②の「相関性」については本章のクロス集計表以外にも、7章や8章の平均の差の検定や、以降の各章で学ぶ統計手法（相関係数など）で確認できる。また③の疑似相関でないことも次の10章で学ぶクロス集計表のエラボレーションや14章の重回帰分析などで一定程度は検証できる。それに対して①の時間先行性については、一時点を対象とした社会調査では検討が難しく、基本としてまずは理論的に確認する必要がある。また、その問題を一定程度解決するために、同一対象を複数時点調査するパネル調査が頻繁に行われるようになってきている。さらに詳細は本書の範囲を超えるので別書[3)]で学んで欲しいが、近年は因果推論を行うための様々な統計的手法（傾向スコア法やグラフィカルモデリングなど）が開発され、それらを用いた因果関係の検証がなされるようになってきている。

3) たとえばPerlらの『入門統計的因果推論』（朝倉書店）など。

**練習問題**

【例題 9.1】**図表 9－5** は、2021 年に行われた社会調査のデータ[4] を用い、年齢（ほぼ 20 歳区分）と 2021 年衆院選の比例区の投票先についてクロス集計表を作成したものである（無回答は分析から除いた）。その表から、「18-39 歳で自民党に投票した」という回答の相対度数（行 %）と「立憲民主党に投票した中で 40-59 歳」という回答の相対度数（列%）を計算せよ。

**図表 9－5　年齢層（行）と 2021 年衆院選投票先（列）のクロス集計表**

| | 自民党 | 立憲民主党 | 公明党 | 日本維新の会 | 共産党・社民党 | その他政党 | 投票しなかった・忘れた | 計 |
|---|---|---|---|---|---|---|---|---|
| 18-39歳 | 149 | 51 | 35 | 48 | 30 | 46 | 153 | 512 |
| 40-59歳 | 310 | 130 | 87 | 168 | 50 | 85 | 199 | 1029 |
| 60歳以上 | 375 | 278 | 113 | 202 | 131 | 47 | 128 | 1274 |
| 計 | 834 | 459 | 235 | 418 | 211 | 178 | 480 | 2815 |

## 2. 独立性の検定：カイ二乗（$\chi^2$）分布を用いた検定

### （1）クロス集計表における「独立」の考え方

7 章においては「2 つのグループにおける母平均には差がない」という帰無仮説を用いた統計的検定を学んだ。それと同じ理屈を用いてクロス集計表においては、「母集団において、2 つの離散変数はまったく関連していない」という場合を想定し、その状態と得られた観察データがどれほど異なっているかの指標を用いた統計的検定を行う。その検定における帰無仮説が仮定する状態は、クロス集計表の一方の変数の値が変わっても、他方の変数の分布がまったく変わらないというものである。

4)「日本の国際化と市民の政治参加に関する世論調査 2021」として全国 48 市区町の合計 8640 名を対象とし、3082 名からの回答を得た全国郵送調査である（転居先不明の方などを除いた回収率は 37.2%）。詳細は巻末参照のこと。

そのような状態を、統計用語で（互いに影響せず、依存関係にないという意味で）**独立**（independence）と呼ぶ[5]。

その独立という状態におけるそれぞれのセルの度数を**期待度数**（expected frequency）と呼び、以下の公式によって計算できる（「母集団において、２つの離散変数は関連していない」という帰無仮説の状態で想定される、もしくは「期待」される度数ということである）。

$$F_{ij} = \frac{n_{i\cdot} \times n_{\cdot j}}{n} \quad （式 9.1）$$

$F_{ij}$ とは、$i$ 行目の $j$ 列のセルの期待度数を示す。$n_{i.}$ とは $i$ 行の合計度数、$n_{.j}$ とは $j$ 列の合計度数のことであり、それを総度数（$n$）で割れば各セルの期待度数が計算できる。あるいは期待度数の状態では、どのカテゴリーでもその周辺相対度数が等しい状態であることを利用しても期待度数は計算できる。具体的には、期待度数を計算したいセルが含まれる行の周辺相対度数を、そのセルを含む列の周辺度数とかけあわせることで、期待度数は算出できる。それらの具体的な数値は次の**図表９-６**を見ていこう。

**図表９-６　年齢層（行）と投票したか否か（列）の期待度数・期待相対度数**

| 期待度数 | 投票した | 投票してない | 計 |
|---|---|---|---|
| 18-39 歳 | 48 | 32 | 80 |
| 40-59 歳 | 60 | 40 | 100 |
| 60 歳以上 | 72 | 48 | 120 |
| 計 | 180 | 120 | 300 |

| 期待相対度数（行%） | 投票した | 投票してない | 計 |
|---|---|---|---|
| 18-39 歳 | 60.0% | 40.0% | 100.0% |
| 40-59 歳 | 60.0% | 40.0% | 100.0% |
| 60 歳以上 | 60.0% | 40.0% | 100.0% |
| 計 | 60.0% | 40.0% | 100.0% |

まず式 9.1 にあてはめてみると、18-39 歳で投票した人のセルの期待度数は、80 × 180 ÷ 300 という式で計算できる。あるいは**図表９-６**の

5) この「独立」とは２変数間の関連について述べたもので、独立変数という表現とは異なる。

右の表を見るとわかるように、期待度数の状態とは、相対度数で見れば、年齢層にかかわらず行相対度数に同じ値が並ぶ状態になっている。つまり、年齢層によって投票したか否かの分布が変わらずに等しいということである。このように期待度数とは、2つの離散変数の間にまったく関連がないという状態を数値化したものである。そのため、18–39歳の回答者合計（行周辺度数）は80人で、「投票した」のは全体の60%（全体の行相対度数）であることを利用し、$80\times0.6=48$がそのセルの期待度数となる。

### （2）ピアソンの適合度統計量（$X^2$）の考え方と算出方法

先述のように「独立」とは、2つの変数の間の関連がまったくない状態を示す用語である。そのため、確率抽出された標本である観測データの場合、その観測されたデータから作られたクロス集計表と理論的に算出される独立状態（期待度数の状態）とのズレを数値化することで、母集団において2変数に関連がある確率が高いのか、低いのかを検定することが可能となる。その統計的検定のことを「**独立性の検定**」と呼ぶ。なお、後述するように$X^2$値を用いることから一般に「$X^2$検定」とも呼ばれる（ちなみに「$X$」はエックスではなく、ギリシャ文字の「カイ」で、「$X^2$」は「カイ二乗」と読む）

さてそれではここから、「観測されたデータによるクロス集計表が、特定の理論的状態（ここでは2つの変数の間が完全に独立した、無関連な状態）を示すクロス集計表（つまり「期待度数」によるクロス集計表）からどれだけ乖離しているのか」を示す**ピアソンの適合度統計量**（$X^2$）の考え方と計算方法を学習していく（本書ではこのカイについて、確率分布の$\chi$と区別するために大文字の$X$と表記し、カイ二乗値も「$X^2$」と表記）。

$X^2$ 値の原理について順を追って考えていこう。まず前述の独立状態を示す期待度数と、実際に標本として得たデータによる実測度数との乖離度の指標とするために、実測度数と期待度数の差を利用する。しかし、その差の値をそのまま合計してしまえば、プラスとマイナスの両方が出てきて、結果的にどんなクロス集計表でも合計値は0になってしまう（実際、次ページの**図表9－7**の左表の計の値は0になっている）。そこで実測度数と期待度数の差を二乗し、すべて正（プラス）の値にする。

次に、実測度数と期待度数の差の大きさは、分析に含まれるケース数に大きく依存する。そのため、その差を二乗した値をすべて足し合わせただけでは、さまざまなクロス集計表で比較可能な値とはならない。含まれる度数が大きいクロス集計表であればあるほど、そのぶん差を二乗した値が大きくなってしまう影響を弱めるため、その値を期待度数で割る。そのようにして計算したセルごとの値をすべて足し合わせることで $X^2$ 値が計算できる。具体的には、以下の式9.2のようになる。

$$X^2 = \sum \frac{(\text{実測度数} - \text{期待度数})^2}{\text{期待度数}} \quad (\text{式 } 9.2)$$

上の $X^2$ 値の計算式について、**図表9－2**と**図表9－6**を用いながら説明していこう。まず実測度数を示す**図表9－2**の左上「18-39歳」で「投票した」に入るケースは30である。次に期待度数が示された**図表9－6**の左の同じ場所のケース数は48である。よって $(30-48)^2=324$ が実測度数と期待度数の差の2乗となる。その324を期待度数の48で割った6.75がそのセルの $X^2$ 値となる。他のセルも同様の計算をしていき、最後に全セルの値を足すと、クロス集計表全体の $X^2$ 値28.13が算出される（詳細は**図表9－7**を参照のこと）。

図表9-7　年齢層（行）と投票（列）の実測度数と期待度数の差(左)と各セルの $X^2$ 値(右)

| | 投票した | 投票してない | 計 |
|---|---|---|---|
| 18-39歳 | −18.00 | 18.00 | 0.00 |
| 40-59歳 | 0.00 | 0.00 | 0.00 |
| 60歳以上 | 18.00 | −18.00 | 0.00 |
| 計 | 0.00 | 0.00 | 0.00 |

| | 投票した | 投票してない | 計 |
|---|---|---|---|
| 18-39歳 | 6.75 | 10.13 | 16.88 |
| 40-59歳 | 0.00 | 0.00 | 0.00 |
| 60歳以上 | 4.50 | 6.75 | 11.25 |
| 計 | 11.25 | 16.88 | 28.13 |

### (3) カイ二乗（$\chi^2$）分布を用いた独立性の検定の手順

7章で行った2つのグループ間の平均の差の検定では、小集団で標準偏差が未知の場合は、検定統計量として $t$ 値を、確率分布としては $t$ 分布を用いた。それに対して前項で計算した $X^2$ 値については、理論的確率分布の一つである $\chi^2$ 分布に近似することから、クロス集計表の独立性の検定では $\chi^2$ 分布を用いる[6)]。

まずクロス集計表の仮説検定では、母集団においては2つの変数にまったく関連がない、という帰無仮説を設定して検定を行う。つまり、帰無仮説と対立仮説を文章にするならば、

$H_0$：母集団において、2つの変数は独立している
＝母集団において、2つの変数は関連していない
$H_1$：母集団において、2つの変数は独立していない
＝母集団において、2つの変数は関連している

となり、数式として示せば、

$H_0: X^2=0$
$H_1: X^2>0$

と示すことができる。

6) $n$ が十分に大きいとき、$X^2$ 値は $\chi^2$ 分布に近似する。しかし期待度数が1未満のセルがある場合や期待度数5未満のセルの数が全体の2割以上の場合は近似しない。その場合は、いくつかのセルを統合してクロス集計表自体を修正するか、もしくはフィッシャーの直接法（詳細は本書の範囲を超えるので省略）を用いる必要がある。

先にも述べたように $X^2$ 値は、理論的な確率分布のひとつである $\chi^2$ 分布に近似するため、標本確率分布としては $\chi^2$ 分布を用いる。その $\chi^2$ 分布は、自由度によって形が変わる。その自由度は、クロス集計表においては以下の式で計算できる。

自由度 = (R − 1) × (C − 1)　（式 9.3）

R は Row で行数、C は Column で列数のことを指す。たとえば**図表 9-2** では行数が 3 で列数は 2 なので、(3 − 1) × (2 − 1) = 2 が自由度となる。

次に有意水準を決定することで、$\chi^2$ 分布表から限界値が導き出せる。その上で、限界値と計算した $X^2$ 値を比較し、限界値 $>X^2$ 値であれば、帰無仮説を棄却しない。一方、限界値 $<X^2$ 値であれば、帰無仮説を棄却し、対立仮説を採用することとなる。この原理は、2 つの平均の差の検定の理屈と同じである。しかし、$X^2$ 値は二乗していることから必ず正の値にしかならないため、片側検定・両側検定の区別がない点には注意が必要である。

以上の考え方を整理し、クロス集計表の独立性に関する検定についての手順をまとめてみると、以下の通りとなる。

| ① 2 変数が独立である（関連がない）という帰無仮説を設定する。 |
|---|

$H_0$：母集団の $X^2=0$（母集団において 2 変数は独立である）
$H_1$：母集団の $X^2>0$（母集団において 2 変数は独立ではない）

| ②有意水準 $\alpha$ を設定する。 |
|---|

たとえば　$\alpha = 5\%$

| ③母数に基づく標本の確率分布と、その分布における帰無仮説が棄却される限界値を自由度（R－1）×（C－1）の $\chi^2$ 分布表で確認する。 |
|---|

$X^2$ 値は、理論的な確率分布のひとつである $\chi^2$ 分布に近似する。帰無仮説が棄却されるのは、たとえば自由度2の $\chi^2$ 分布であれば、95％の範囲の外（「$\alpha$ 領域」または「棄却域」と言う）であるので、限界値はカイ二乗値＝5.991である（巻末p.232の $\chi^2$ 分布表における有意水準 $\alpha$ と計算した自由度から、限界値を確認できる）。

| ④実際の標本データが、帰無仮説に基づく確率分布のどこに位置するかを示す検定統計量（$X^2$ 値）を算出する。 |
|---|

**図表9－2**の例であれば、**図表9－7**で計算したように、$X^2$ 値は28.13であり、それが検定統計量となる。

| ⑤検定統計量である $X^2$ 値が、③で確認した限界値を超えている場合は帰無仮説を棄却し、対立仮説を採択する。限界値を超えていない場合は、帰無仮説を棄却しない。 |
|---|

検定統計量28.13は、限界値の5.991を超えているので、帰無仮説を棄却する。すなわち、対立仮説「母集団において2変数は独立ではない」が採択される。つまり、2つの変数間に何らかの関連があると判断するのである。

## 練習問題

【例題9.2】**図表9－5**のクロス集計表について、「18歳-39歳で自民党に投票した」セルの期待度数を計算せよ。

【例題9.3】**図表9－5**について、$\alpha$を1%とした場合、このクロス集計表における限界値はいくつか。また$X^2$値を計算した結果199.26となったが、限界値と比較し、年齢層と衆院選の投票先の間の独立性の検定を行いなさい。

**復習のポイント**

1. クロス集計表とは何か。また、3章までで学習した「分布」とはどのような点で異なるか。
2. クロス集計表における「独立」とはどのような状態か。またそれを数値として示す場合の「期待度数」はどのような計算されるのか。
3. ピアソンの適合度統計量（$X^2$値）とは何を示す数値か。またその$X^2$値を用いた独立性の検定とは何か。

# 10 離散変数間の関連(2): 関連係数と多重クロス集計表

田辺俊介

**《10 章の目標》** クロス集計表で示される離散変数間の関連の強さを表す係数（クラメールの連関係数やファイ係数など）について学ぶ。また、第3変数の値ごとにクロス集計表を作る多重クロス集計表の原理を知ることを通じて、変数を「統制」するという考え方とともに、第3変数の効果の種別を学ぶ。

**《キーワード》** 統制、エラボレーション、疑似相関、交互作用効果

## 1. クロス集計表における2変数間の関連の強さを測る

### (1) クラメールの連関係数

前章で学んだ独立性の検定は、あくまでも「母集団において関連が全くないか否か」のみを確率的に判断するものであり、その関連性の強さの程度などは示すことができない。確かに9章で学んだ $X^2$ 値は、2変数にまったく関連がない状態である期待値と実測値の間の差から計算するため、その値が大きい方が二変数の間の関連は強いと考えられる。しかし、$X^2$ 値はクロス集計表の大きさやケース数によって取りうる最大値が異なることから、その大小だけではさまざまなクロス集計表における2変数間の関連の強弱を比較することはできない。そのため各クロス集計表のそれぞれのセルの数やケース数の影響を除去し、どのようなクロス集計表でも比較可能な値とする関連の強さを示す指標が複数開発されている。

その中の一つとして、**クラメールの連関係数**（Cramer's V、クラメール関連性係数とも呼ばれる）がある。クラメールの連関係数は、どのような種類の変数のクロス集計表にも使える関連の強さを示す値であり、その計算には前章で説明した $X^2$ 値を用いる。以下の式10.1のような補正を行うことで $X^2$ 値はクラメールの連関係数となり、ケース数やセル数がどのようなクロス集計表においても、全く関連のない状態の0から、完全関連の1までの間の値を必ずとるようになる。

$$V=\sqrt{\frac{X^2\text{値}}{\text{総度数}\times(\min\{\text{クロス集計表の行数か列数}\}-1)}} \quad \text{（式10.1）}$$

式10.1の中のminとは「小さい方」ということを意味し、ここではクロス集計表の行数と列数のうち小さい方を使うことを示している。よってこの式では、総度数を使うことでクロス集計表に用いているケース数の影響を、また列数と行数のうち小さい方を計算に含めることでクロス集計表の行数と列数の影響を補正しているのである。また、もともと $X^2$ 値が二乗によって計算した値であることから、平方根を取る[1)]。

実際9章の**図表9－2**にあてはめて計算すると、まず総度数は300でクロス集計表の行数は3と列数は2なので、ルート内の分母は300×(2－1)=300となる。その300で $X^2$ 値の28.13を割ると0.0938で、その値の平方根は0.306となる。それが今回の架空例のクラメールの連関係数である。

クラメールの連関係数については、一定の数値以上であれば「強く関連している」と言うことができるような統計的な基準は存在しない。1つの目安としては、0.5を超えると「強く関連している」と言い、0.25程度でだと「弱く関連している」と言われている。そのため、今回の事例では「年齢層と投票するか否かは弱く関連している」と言えるだろう。

---

1）11章で説明するピアソンの積率相関係数のような代表的な関連に強さを示す指標と、次元（掛け算の回数）をそろえるためでもある。

### (2) クロス集計表における関連の強さを示すその他の係数

クラメールの連関係数以外の離散変数同士の関連の強さを示す係数についても、簡単に説明していこう。クラメールの連関係数は関連「大きさ」を示すが、関連の方向などはわからなかった。そのため大小のような方向性がある順序尺度同士の関連の場合、その関連性の正負の「方向」を加味した係数が開発されている。

それら順序尺度同士の関連性の強さを示す係数の一つとして、**γ係数**（グッドマン=クラスカルの順位相関係数、「$\gamma$」はガンマと読む）が挙げられる。$\gamma$係数の計算式は「同方向の対」(2つの順序尺度の高低の順番が両変数で同じ組み合わせ）の数と「逆方向の対」(2つの順序尺度の高低の順序が逆であるような組み合わせ）の差を取ること計算でき、関連性が正の方向か、負の方向かを測定することができる。またその値は+1から−1の間となり、また0はまったく関連がないことを示す。その係数が周辺度数の影響を受けないことも優れた特徴である。

しかし$\gamma$係数は計算から「同順位の対」を除外してしまうため、その同順位の対を分析に含める方法もある。そのうちで行数と列数が同じ場合に用いるのがケンドールの順位相関係数（「$\tau_b$」とも呼ぶ。なお、「$\tau$」はタウと読む）であり、異なる場合はスチュワートの順位相関係数（$\tau_c$）を用いることができる。また他にも、11章で学ぶピアソンの積率相関係数の特別なケースとも言えるスピアマンの順位相関係数（Spearman's rho、ギリシャ文字で「$\rho$」（ロー）とも表記）が、順序尺度同士、特に順位同士の連関の強さを見るために用いられる[2)]。さらに2行×2列のクロス集計表で適用可能な変数としてユールの連関係数Qがあるが、これは先に紹介した$\gamma$係数の2×2の表における特殊ケースである。

また2行×2列のクロス集計表でよく用いられる係数として**φ（ファイ）係数**がある。この$\phi$係数は、11章で学ぶピアソンの積率相関係数を

---

2) なおスピアマンの順位相関係数についての詳細は12章を参照のこと。

2 行×2 列のクロス集計表に適用したものであることから四分点相関係数とも呼ばれ、その値は−1 から+1 の間となり、0 の時には無相関を示す。具体的には、2 行×2 列のクロス集計表のセル度数と周辺度数を**図表 10-1** のように $a$、$b$、$c$、$d$ で示した場合、式 10.2 のような簡便な式で算出できることもあり、比較的よく用いられる係数である。

**図表 10－1　Φ 係数の式で用いる 2 行×2 列のクロス集計表の記号**

| | Y1 | Y2 | 計 |
|---|---|---|---|
| X1 | $a$ | $b$ | $a+b$ |
| X2 | $c$ | $d$ | $c+d$ |
| 計 | $a+c$ | $b+d$ | $a+b+c+d$ |

$$\Phi=\frac{ad-bc}{\sqrt{(a+b)(c+d)(a+c)(b+d)}} \quad （式 10.2）$$

ここまでクロス集計表における 2 変数の関連性を示すためのさまざまな係数を説明してきたが、クロス集計表の行数や列数、あるいは変数の順序性の有無などによって適切なものは異なる[3]。そのため、関連の強さを見たいクロス集計表ごとに、どの係数がもっとも適切であるかを判断し、その使い分けを行っていく必要がある。

## 2. 実験と統計的統制

### （1）統計的統制の考え方

9 章では 2 つの離散変数の間の関連を調べる方法としてクロス集計表を学んだ。しかし、クロス集計表によって 2 つの変数間に一定の関連があるように見えても、単なる見せかけの関連であったり、あるいは他の

3）それぞれの係数のより詳しい考え方や公式などは紙面の都合上本章で扱わないが、ボーンシュテット＆ノーキ『社会統計学』の 9 章などで詳しく説明されているので、興味がある方はそちらで学習してほしい。

変数の影響が混ざっていたりする可能性がある。そのため、2変数間の真の関連性の有無やその強さを確かめるためには、2つの変数の間の見かけ上の連関から、他の要因が影響している部分を取り除く必要がある。

特定の2変数間の関係を明確にするために、自然科学では通常**実験**が用いられる。実験では、調べたい事柄以外の条件をできるだけ整えた上で、無作為割当[4]によって対象を実験群と対照群に分ける。そうすることで、実験条件（独立変数）以外の条件を一定に保ち、実験条件の実験結果（従属変数）への影響を明確にすることができるのである。

しかし社会的な事柄については、現実問題として調べたい条件以外を一定にする実験は実施不可能なことも多い。たとえば、勉強時間が成績に与える影響を分析するために、個人の意志を無視して生徒を無作為に「家で勉強をする群」と「家で勉強をしない群」に無作為に割り当てるわけにはいかない。現実社会を生きる人々の自由を制限し、その意思に逆らってまで介入することは、現実的に困難なだけでなく、倫理的にも大問題である。

そのため、知りたい関係以外の条件を事後的に一定にするための**統制**（control、カタカナでそのまま読んで「コントロール」ともいう）という統計的手法が必要となる。本章ではその統制の中でも、クロス集計表における統制の方法と、それによって発見される元の2変数の関連の変化を学んでいこう。

4) 対象をくじ引きのような方式（ランダムに）でグループ分けすることであり、これによって従属変数と関連しうるさまざまな条件や属性などについて系統的な偏りは生じにくくなり、結果的に実験環境でも厳密に整えることができていない諸要因の影響も統制することができる。

### 【コラム8】社会科学における実験

社会科学においても実験が行われないわけではない。たとえば著名な実験として、照明や労働条件（賃金・休憩時間など）のような工場での生産性に与える影響を検討したホーソン実験がある。しかしそのホーソン実験が著名になったのは、当初の予想とは異なり、どのような条件であっても観察対象となった人々の生産性が向上したという意外な結果ゆえであろう。そうした結果が生じた理由として、実験対象となる（=誰かに観察されている）こと自体が人々の生産性に影響を及ぼしたという解釈がなされている。すなわち、実験対象であることが、照明や労働条件以外の条件として入り込んでしまったということを意味している。

この有名な事例が示すように人間を対象とする実験では、観察すること自体の影響も含めて調べたい要因以外の条件を厳密に整えることが難しいことも多い。さらに対象者に実験目的を隠して実施する場合の倫理的問題なども指摘され、社会科学では実験が行われることは少なくなっていた。

とはいえ 21 世紀以降、もともと実験的研究も多い社会心理学において、デブリーフィング（実験の後に実験の真の目的を対象者に伝えること）の実施などを含む倫理的審査基準の定式化などを背景に、実験は昨今再度盛んである。また、人間の認知的側面を考慮する行動経済学などにおいて、さまざまな手法が使えるインターネットを通じた実験が活用されるようになっている。さらに政策の効果検証のため、開発経済学や労働経済学でも、ランダム化比較試験などを用いた各種の実験が頻繁に行われている。そのように近年では、調査方法の変化やさまざまな統計手法の発展に伴い、社会科学の分野でも実験の有効性が再発見され、多用されるようになってきてもいる。

### （2）クロス集計表における統計的統制

クロス集計表における統制方法は、統制したい3つめの変数（「**第3変数**」[5] と呼ぶ）のカテゴリーごとにクロス集計表を作り直すだけでよい。たとえば第3変数が性別であれば、男性のケースだけのクロス集計表と、女性のケースだけのクロス集計表の2つを作るのである。そのように元の2変数のクロス集計表に第3変数を加え、第3変数のカテゴリーごとに作成し直したクロス集計表を**3重クロス集計表**と呼ぶ。さらに変数を増やすことで4重クロス集計、5重クロス集計表を作ることも可能であり、それらを総じて**多重クロス集計表**（multiple cross tabulation）と呼ぶ。

多重クロス集計表では、統制する変数の値は一定となる。たとえば第3変数を性別とした場合、作成される男性のクロス集計表では性別は「男性」、女性のクロス集計表では「女性」として等しくなっている。結果、第3変数の条件を一定（例で言えば、「男性であること」、あるいは「女性であること」）にした上で、元の2変数の関係をとらえることができるようになるのである。そのように第3変数の影響を一定にした上で独立変数と従属変数の間の関連を再検討することを、クロス集計表の**エラボレーション**（elaboration は元々「推敲」の意味だが、「精密化」とも訳される）とも呼ぶ。

## 3. 3重クロス集計表によるエラボレーションと第3変数の「効果」

本節では、多重クロス表の中でもっとも単純な3重クロス表を学ぶことで、クロス集計表における変数の統制を理解するとともに、その結果から変数間の関連を読み取る方法を学習していこう。

---

5）理論的には統制に用いる変数は4つめ、5つめと増やすことができる。そのため、より一般的には、統制する変数であることから**統制変数**、あるいは追加する変数として**付加変数**とも呼ぶ。

### (1) 零次のクロス集計表

3重クロス集計表を用いたエラボレーションを理解するために、ここでは架空事例となるが、婚姻状態と性別役割分業意識[6)]の関連を検討するクロス集計表を用いる。未婚者に比べて既婚者は、家庭内での現実の役割分業を追認することで性別役割分業に肯定的になる、という仮説があるとしよう。その仮説を検討するため、架空例となるが日本全国の25歳から34歳の男女を無作為抽出した調査を行い、200人から回答を得たとする。

まず**零次のクロス集計表**とも呼ばれる、婚姻状態（X）と性別役割分業意識（Y）の間のクロス集計表（**図表10−2**）を見ると、未婚者では性別役割分業を肯定するのは3割なのに対して、既婚者では7割が肯定している。つまり、既婚者の方が性別役割分業に肯定的な人が多く、一方未婚者は否定的な人が多い。

その関連の強さについて本章1節で学んだクラメールの連関係数を算出してみよう。そのためにまず**図表10−2**の$X^2$値を計算すると、各セル度数の期待値は全て50、実測値との差はどのセルも20なので、20×20÷50×4=32となる。その$X^2$値を総度数200×(2−1）で割った上でその平方根をとると0.4となり、それがこの**図表10−2**の二つの変数の関連の強さを示すクラメールの連関係数となる。その数値は、既婚・未婚と性別役割分業意識の間に一定の関連があると考えられるだろう。

6)「男性は仕事をし、女性は家庭を守るべき」という考え方に賛成する人を性別役割分業意識に「肯定」、反対する人を「否定」とした。なお、2019年に行われた実際の世論調査（「男女共同参画社会に関する世論調査」）では18歳以上の男女全体での賛成率は35%程度であったが、本章の架空事例では計算のわかりやすさのために、全体賛成率を50%とした。

**図表 10－2　婚姻状態（行）と性別役割分業意識（列）のクロス集計表（行%）**

| | 肯定 | 否定 | 計 |
|---|---|---|---|
| 未婚 | 30（30%） | 70（70%） | 100 |
| 既婚 | 70（70%） | 30（30%） | 100 |
| 計 | 100（50%） | 100（50%） | 200 |

$X^2$=32、$V$=0.4

しかし、性別役割分業意識は性別とも強い関連があることが指摘されており、また性別は未婚・既婚の率にも影響すると考えられる[7)]。そのため、婚姻状態（X）と性別役割分業意識（Y）の2変数間の真の関連の強さを確認するためには、第3変数として性別（Z）を導入し、その性別を統制した上での関連を検討する必要がある。そのように第3変数によって元の2変数間の関連を「推敲」して確認していくことから、そのような分析を（推敲を意味する）エラボレーションとも呼ぶのである。

### （2）元の関係が消える場合：第3変数の効果=説明または媒介

第3変数別にクロス集計表を作成した場合、元の2変数の関係がまったくなくなることがある。具体的には、関連の強さを示す係数が、元のクロス集計表では一定の大きさであったのが、第3変数別のクロス集計表ではほぼ0になるような状態である。その場合、元の2変数間の関連が、第3変数によって完全に説明された、と考えられる。その状態における第3変数の効果は、理論的に**説明**（explanation）と**媒介**（interpretation）に分けられる。

具体的には**図表 10－2**のクロス集計表を第3変数の性別ごとに作り直した**図表 10－3**のような状態である。女性では未婚・既婚に関わらず性別役割分業を肯定する人は0人（0%）であった。対して男性では未婚・

7）結婚は基本的に男女ペアで行われるため、既婚率に男女差があるのは矛盾に思えるかもしれない。しかし男性の方が一般に晩婚であるため、対象の年齢を25歳から34歳に限定していることから、このように既婚率に差がでる可能性はある。

既婚に関わらず性別役割分業に賛成している人が100％である。しかし、どちらの性別でも既婚と未婚で性別役割分業の肯定率には差がない。そのため、男性と女性のそれぞれのクロス集計表でクラメールの連関係数を計算すると、全くの無関連を示す0となる。つまり男女別に分けると、婚姻状態と性別役割分業への肯定・否定の間の関連はなくなっている。

**図表10－3　第3変数による完全な説明の例（行％）**

| | 女性 | | | 男性 | | |
|---|---|---|---|---|---|---|
| | 肯定 | 否定 | 計 | 肯定 | 否定 | 計 |
| 未婚 | 0(0%) | 70(100%) | 50 | 30(100%) | 0(0%) | 50 |
| 既婚 | 0(0%) | 30(100%) | 50 | 70(100%) | 0(0%) | 50 |
| 計 | 0(0%) | 100(100%) | 100 | 100(100%) | 0(0%) | 100 |
| | $X^2$=0、V=0 | | | $X^2$=0、V=0 | | |

次に、同じく元の関係が消える場合の第3変数の効果である「説明」と「媒介」の2つについて、その理論的な区別を考えてみよう。まず「説明」とは第3変数Zが共通の原因となり、独立変数Xと従属変数Yの両方に影響を与えている場合である。その状態について図示すれば、次の図10－4のようになる。

**図表10－4　Zによる説明（XとYの疑似相関）の図示**

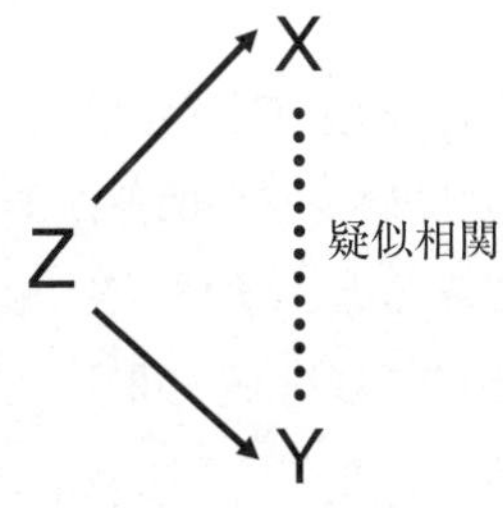

第３変数のＺが、ＸとＹの両方に影響を与えている。そのため、Ｚを統制しないでＸとＹの関係だけを見ると、ＸとＹに共変関係があるように見える。しかし、本来はＺがＸとＹをともに変化させることから、ＸとＹの相関は見かけ上のものに過ぎなかったとして、その関係を疑似相関（spurious correlation）と呼ぶ。

たとえば、ある海岸におけるビールの売り上げ（Ｘ）が増えるほど、その海岸における海難事故の件数（Ｙ）が増えたとしよう。そうするとある人は「ビールが原因で事故が増えたのだ」と考えるかもしれない。しかし第３変数（Ｚ）として「海岸への来場者数」を入れると、来場者（Ｚ）が増えるからビールの売り上げも増え、同時に海難事故の数も増えていることが分かった。このような場合が疑似相関の例となる。

対して「媒介」とは、まず独立変数Ｘが、第３変数Ｚに影響し、そのＺが従属変数Ｙを変動させる、という図式である。つまり、Ｘの影響はＺを経由してＹに及んでいるわけである。そのようなＺによる媒介効果は**図10－5**のように図示できる。

**図表10－5　Ｚによる媒介（Ｚの媒介効果）の図示**

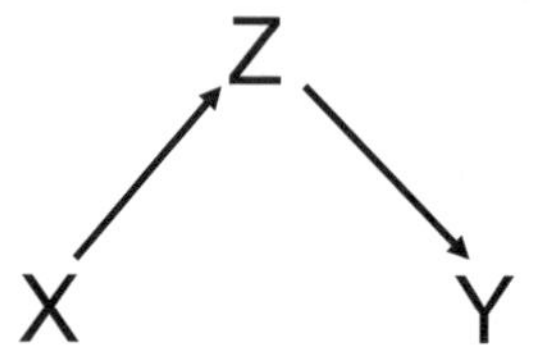


媒介効果の事例として、学歴（Ｘ）が収入（Ｙ）に与える影響を考えてみよう。学歴と収入の間には一定の関連があることが指摘されている。しかし因果関係を考えてみると、学歴（Ｘ）は直接的にはどのような職業（Ｚ）に就くのかに影響しており、その職業（Ｚ）が収入に影響している、

ということが考えられる[8)]。

第3変数の効果が説明なのか、媒介なのか。その点について統計的には同じ結果として出てくるため、区別ができない。そのため、どちらであるかの判断は、基本的に理論の問題となる。つまり、変数間の関連の理論的説明可能性や時間的順序、あるいは理論モデルや先行研究などを駆使して判断することが必要となる。

たとえば**図表10－3**の例であれば、性別によって未婚・既婚の率が違っていた（女性の7割が既婚に対し、男性では3割）。つまり、性別（Z）が既婚・未婚（X）に影響し、また性別分業意識（Y）にも影響していると考えられ、「説明」の例だと考えられる。一方、既婚か未婚か（X）が性別（Z）に影響するというのは理論的におかしい。その点でも、この例は「媒介」ではなく、「説明」だと考えられるのである。

### （3）元の関係が変わらない場合；第3変数の効果=無効果

第3変数を統制しても、元の関係がまったく変わらない場合もある。そのような場合の第3変数の効果を**無効果**（no effect）と呼ぶ。その無効果の具体例を3重クロス集計表で示すと、**図表10－6**のようになる。

**図表10－6　第3変数に効果がない場合の例（行%）**

| | 女性 | | | 男性 | | |
|---|---|---|---|---|---|---|
| | 肯定 | 否定 | 計 | 肯定 | 否定 | 計 |
| 未婚 | 15（30%） | 35（70%） | 50 | 15（30%） | 35（70%） | 50 |
| 既婚 | 35（70%） | 15（30%） | 50 | 35（70%） | 15（30%） | 50 |
| 計 | 50（50%） | 50（50%） | 100 | 50（50%） | 50（50%） | 100 |
| | $X^2$=16、V=0.4 | | | $X^2$=16、V=0.4 | | |

男女別に分けたクロス集計表において、男性も女性もともに未婚者の

8）実際には同じ会社で同じ仕事をしていても、学歴で収入が違う場合もあるので、あくまで理論的な考え方を説明する事例である。

15人（30%）が性別役割分業を肯定し、一方既婚者の70%が肯定している。そしてその割合は、元の2変数のクロス集計表の相対度数とも差がない。つまり男女別にクロス集計表を分けても、男女一緒のクロス集計表と差が無く、さらにその関連の強さに変化がないことは、クラメールの連関係数が変化しないことからも明らかである。このように第3変数には何の効果も場合が、「無効果」であった状態である。その状態を図示すれば、**図表10－7**のようになる。

**図表10－7　（XとYの関係に対する）Zの無効果の図示**

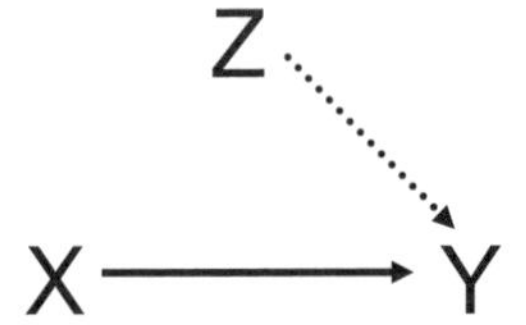


注：ZからXへの→はあってもなくても良い

第3変数Zは、XとYの関係には何の影響も与えていない。具体的には第3変数別にクロス集計表を分けても、その関係性や強さに変化がない場合が当てはまる。

この無効果の発見は決して無意味ではない。第3変数Zが無効果であったことは、別の関係性の可能性が否定された分、XとYの関係の確からしさが向上したとも言える。そのため、2変数の関連について確信をもって論じるためにも、さまざまな変数でエラボレーションを行って無効果であることを確認することが必要となる。

### （4）元の関係が変わる場合①：第3変数の効果＝付加効果（複合因果）

次に、元の2変数の関係が一部変わる場合を見ていこう。その中で、第3変数に一定の効果がある場合、その第3変数の効果を**付加効果**(additional effect) と呼ぶ。XとYの間にも一定の直接関係があるが、同時に第3変数Zも説明あるいは媒介によってYに一定の影響を与える場合である。XとZが、ともにYに影響することから**複合因果**(multiple causation) とも呼ばれる。もともとXとYの2変数だけで考えていた場合の関係の強さの中に、実は Z からの影響力も含まれていた場合であるともいえる。その関係についての具体例をクロス集計表で示すと次の**図表10－8**のようになる。

**図表10－8　第3変数が部分的に効果を持つ場合の例（行%）**

| | 女性 | | | 男性 | | |
|---|---|---|---|---|---|---|
| | 肯定 | 否定 | 計 | 肯定 | 否定 | 計 |
| 未婚 | 16(23%) | 54(77%) | 70 | 14(47%) | 16(53%) | 30 |
| 既婚 | 14(47%) | 16(53%) | 30 | 56(80%) | 14(20%) | 70 |
| 計 | 30(30%) | 70(70%) | 100 | 70(70%) | 30(30%) | 100 |
| | $X^2$=5.67、V=0.238 | | | $X^2$=11.11、V=0.333 | | |

**図表10－8**のように第3変数別にクロス集計表を作ったことによって、元の関係の強さが弱くはなるが、ゼロにはなっていない。この場合は、当初の2変数の間の関連もあるのだが、同時に第3変数も一定の独自の効果を持っていると判断できる。

具体的に見ていくと、まず女性では未婚では肯定する人が23%、既婚者では47%であり、その差は24ポイントである。元の40ポイント差と比べれば小さいが、一定の差は残っている。また男性では未婚者は肯定が47%なのに対し、既婚者では80%と、肯定率に33ポイントの差がある。さらにクラメールの連関係数を見ていくと、元の0.4から0.238と0.333と幾分か下がっている。一方男女差を見ていくと、同じ未婚者でも女性の肯定率は23%なのに対して男性では47%と、24ポイントの差がある。既婚者も同様に女性の肯定率は47%に対して、男性は80%である。このことから、男女という性別も性別役割分業の肯定・否定に一定の影響を持っていることが伺える。

このように元のX（ここでは未・既婚）の影響も残るが、Z（男女）の影響もある場合が、第3変数の付加効果の事例である。その付加効果について図示すると次の**図表10－9**のようになる。

**図表10－9　Zの付加効果（複合因果）の図示**

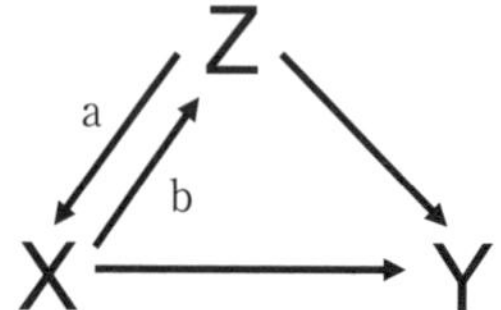


第3変数を導入することでXとYの関連は幾分弱くなるが、それが0にならない場合などは、この複合因果の状態であると考えられる。またZとXの関係は、ZからX（aの線）の影響がある場合は「説明」、XからZの影響（bの線）であれば「媒介」関係が一部に存在することを示す。**図表10－7**の事例では、性別（Z）が婚姻状態（X）に影響していると考えられることから、説明関係を伴った複合因果であったと言えよう。

実際の社会現象は、単一の原因だけで決定されることは少ない。たとえば妻の夫婦関係満足度は、結婚の経過年数や子供の有無や夫の収入など、複数の要因が独自に影響を与えていると考えられる。そのように複数の原因が影響している場合は、個々の変数の影響力を過大評価しないためにも、他の影響する変数を統制した分析が必要となるのである。

### （5）元の関係が変わる場合②：第 3 変数の効果=交互作用効果

第 3 変数のカテゴリーによって 2 変数の連関の方向や強さが異なる場合がある。そのように第 3 変数の値（カテゴリー）ごとに、独立変数と従属変数との関連が異なることを、**交互作用効果**（interaction effect）と呼ぶ。**図表 10－10** は、その交互作用についての具体例である。

**図表 10－10　交互作用効果がある場合の例（行%）**

| | 女性 | | | 男性 | | |
|---|---|---|---|---|---|---|
| | 肯定 | 否定 | 計 | 肯定 | 否定 | 計 |
| 未婚 | 18（30%） | 42（70%） | 60 | 12（30%） | 28（70%） | 40 |
| 既婚 | 12（30%） | 28（70%） | 40 | 58（97%） | 2（3%） | 60 |
| 計 | 30（30%） | 70（70%） | 100 | 70（70%） | 30（30%） | 100 |
| | $X^2$=0、V=0 | | | $X^2$=50.8、V=0.713 | | |

**図表 10－10** の男性の既婚者について見てみると、60 人中 58 人（97％）の人が性別役割分業を肯定している。この場合、男性でかつ既婚という二つの条件が組み合わさった場合、特段に性別役割分業に肯定的になるということである。しかし女性では、既婚者も未婚者も肯定率は 30％と差が無い。そのため女性のクロス集計表ではクラメールの連関係数は 0 となっており、一方男性のクロス集計表では未婚者の 30％に対して既婚者 97％と 67 ポイントもの差がある。さらにその結果関連の強さを示すクラメールの連関係数も、0.713 と非常に高くなっている。

このように独立変数の効果と第 3 変数の効果以外にも、それらの組み合わせによる独自の効果が見られる場合、この例では、婚姻状態（独立変数X）の効果が性別（第 3 変数Z）によって異なる場合（今回の事例では男性＋既婚者）に独自の効果が見られる場合、交互作用効果がある、という。具体的には、3 重クロス集計表内の一部のクロス集計表でのみで関連の強さが大きく強まっている場合に、この交互作用が発生していると考えられる。

この交互作用がある場合は、符号の異なる関連が相殺され、2変数の関連が無関係になる**疑似無相関**（spurious non-correlation）となる場合もある[9)]。たとえば、「子どもが小さいときに女性が働くこと」に賛成か反対かをたずねたとき、男性では未婚者のほうが既婚者よりも賛成が多いとしよう（男性既婚＜男性未婚）。他方、女性では既婚者のほうが未婚者よりも賛成しやすかった（女性既婚＞女性未婚）。そのような場合に男女合わせて分析してしまうと、未婚と既婚では賛成・反対に差がなくなってしまう（既婚＝未婚）。

その例のように、2変数間では関連が見られないが、第3変数を統制することで連関が見つかることがある。さらには、全体で見られる関連が第3変数ごとに分けた場合には逆転することもあり、そのような現象はシンプソンのパラドックス（Simpson's Paradox）と呼ばれる。そのようなパラドックスなどの存在を考えれば、たとえ2変数の間で何の関連が見られなかった場合でも、エラボレーションを行うことでその関係を再検討する必要がある。

### 練習問題

【例題10.1】実際の社会調査データの分析結果から、第3変数の効果を読み取ってみよう。「高齢層の方が投票に行く」という仮説を検討するために、2021年に全国で行った社会調査データを分析したところ、**図表10－11**のようなクロス集計表となった。

9) 第3変数の付加効果が、元の変数の効果と真逆であった場合なども疑似無相関になることがある。

**図表 10－11　年齢層と投票したか否か（行%）**

| | 投票した | 投票してない | 計 |
|---|---|---|---|
| 18-39 歳 | 352(69.7%) | 153(30.3%) | 505 |
| 40-59 歳 | 821(80.9%) | 194(19.1%) | 1015 |
| 60 歳以上 | 1135(89.9%) | 127(10.1%) | 1262 |
| 計 | 2308(83.0%) | 474(17.0%) | 2782 |

$X^2$=109.3、V=0.198

しかし一般的には高学歴者の方が投票に行くとも言われており、同時に若い人ほど高学歴化の影響で高学歴になりやすいため、**図表 10－11** の関係性の中には学歴の影響も含まれている可能性もある。そのため、学歴（短大卒以上が否か）を第 3 変数として追加して、3 重クロス集計表を作ったのが次の**図表 10－12** である。**図表 10－11** と**図表 10－12** を比較することから、第 3 変数（学歴）の効果を読み取りなさい。

**図表 10－12　学歴別の年齢層と投票したか否か（行%）**

| | 中学・高校 | | | 短大・大学 | | |
|---|---|---|---|---|---|---|
| | 投票した | 投票してない | 計 | 投票した | 投票してない | 計 |
| 18-39 歳 | 118(62.4%) | 71(37.6%) | 189 | 234(74.1%) | 82(25.9%) | 316 |
| 40-59 歳 | 372(76.9%) | 112(23.1%) | 484 | 449(84.6%) | 82(15.4%) | 531 |
| 60 歳以上 | 702(89.4%) | 83(10.6%) | 785 | 433(90.8%) | 44 (9.2%) | 477 |
| 計 | 1192(81.8%) | 266(18.2%) | 1458 | 1116(84.3%) | 208(15.7%) | 1324 |
| | $X^2$=86.1、V=0.243 | | | $X^2$=40.2、V=0.174 | | |

## 4. 多重クロス集計表の限界について

### (1) ケース数の問題

多重クロス集計表は、本章の例では3重クロス集計表までであった。しかし、より多くの変数を統制したい場合は、4重・5重としてさらに分割したクロス集計表を作ることが可能である。

ただし、その場合にたびたび問題になるのがケース数である。2つずつのカテゴリーしかない変数であっても、3個の変数では8つのセル、4つの変数では16のセルに分かれる。もしカテゴリーが多ければ、より多くのセルに分かれることになる。そのため、多重クロス集計表に用いる変数を増やせば増やすほど、セル数が増えていき、結果的に1つ1つのセルに入るケース数が小さくなりやすい。

1つのセルに入るケースが小さくなれば、その分だけ分析結果も不安定になる(たとえば、ある行の周辺度数が3であれば、1ケースの違いが行%で33%もの違いになる)。また9章の注6で述べたように、期待度数が1未満のセルがある場合や期待度数5未満のセルの数が全体の2割以上の場合は、$X^2$ 値は $\chi^2$ 分布に近似しないため、$\chi^2$ 分布を用いる独立性の検定(カイ二乗検定)が使えなくなる。

そのため、4重以上のクロス集計表を作るためには、かなりの数のケース数が必要となる点に注意が必要である。

### (2) 理解可能性の問題

仮に全体のケース数が十分にあったとしても、あまりに多数のクロス集計表が作られた場合は、その分だけそれらを統一的に読み取り、効果を特定することが難しくなる。たとえば**図表10−2**に、第3変数として性別を加えた後、第4変数として年齢を1歳刻みで加えた場合、(回答者は25歳〜34歳だったので)年齢のカテゴリー数は10となる。結果、セルの数は合計で（元々のクロス集計表の）4×2（性別)×10（1歳毎の年齢カテゴリー)=80にもなる。それでもケース数が1,000,000もあれば、セル数が80となってもほとんどのセルのケース数は100を超え、独立性の検定（$\chi^2$検定）も理論上は問題なく使えるであろう。

しかし20個（1歳ずつの年齢別10×男女別2）ものクロス集計表における既婚者と未婚者の比率を並べ、そこから年齢と性別の影響を統一的に読み取ることは、情報量が非常に多く、現実には非常に難しい。

そのような理由から、多重クロス集計表は、カテゴリー数が多すぎない変数を用いた3重クロス集計表までが多くの場合、実用的である[10)]。仮にカテゴリー数の多い離散変数を用いる場合には、可能であればカテゴリーを合併するなどの処理を行い、作成されるクロス集計表を理解可能な範囲の数に抑える必要がある。

**復習のポイント**

1. クラメールの連関係数とは何か。また他のクロス集計表における関連性の強さを示す値とどのように使い分けるのか。
2. 変数を統制するとはどのようなことか。
3. エラボレーションとはどのようなことか。
4. 疑似相関とはどのような関連か。
5. 交互作用効果とはどのような効果か。

10) 多数のカテゴリーを含む離散変数同士の分布構造を理論モデルとの比較で検討する方法として、対数線形モデルや多重対応分析のような統計手法が開発されている。詳しくは本書15章およびそこで紹介されている参考書を参照のこと。

# 11 連続変数間の関連(1)：ピアソンの積率相関係数

田辺俊介

《**11 章の目標**》2つの連続変数間の関連の検討方法を学ぶ。関連性の形を確認するための散布図と、直線的関連（線形関係）の強さを示すピアソンの積率相関係数について、その原理と検定方法について学習する。
《**キーワード**》散布図、線形関係、積率相関係数

## 1. 2つの変数の関連分布を描画する：散布図

### (1) 散布図とは？

9章では、2つの離散変数の間の関連を見るための方法としてクロス集計表を学んだ。それでは、2つの連続変数の間の関連を調べるにはどのような方法があるだろうか。また架空例となるが、ある会社の社員10人の年齢と収入をまとめた**図表 11－1** を見てみよう。そのように年齢と収入の値をただ並べても、あるいは2つの連続変数の統計量（平均値・分散・標準偏差など）を比較しても、その「関係」は見えてこない。

そこで、2つの連続変数の関係を図にすることでその2変数間の関係の特徴を視覚的に把握するために用いられるのが、**散布図**（scatter diagram, scatter plot）または相関図と呼ばれるグラフである。ひとつひとつのケースについて1つめの変数の値をX座標（横軸）に、もう1つの変数の値をY座標（縦軸）の値とし、その2つの連続変数の重なる点として図上に点を打つ（プロットする）ことを全ケースについて行

うことで作成できる[1)]。たとえば**図表 11－1** のデータを散布図にしたものが**図表 11－2** である。

**図表 11－1　年齢と年収（架空データ 10 ケース）**

| | X | Y |
|---|---|---|
| | 年齢 | 収入 |
| A | 38 | 500 |
| B | 30 | 270 |
| C | 28 | 450 |
| D | 55 | 400 |
| E | 38 | 250 |
| F | 48 | 600 |
| G | 30 | 400 |
| H | 25 | 300 |
| I | 56 | 800 |
| J | 42 | 530 |
| 平均 | 39 | 450 |
| 分散 | 124 | 28200 |
| 標準偏差 | 11.13 | 167.93 |

**図表 11－2　年齢と年収の散布図**

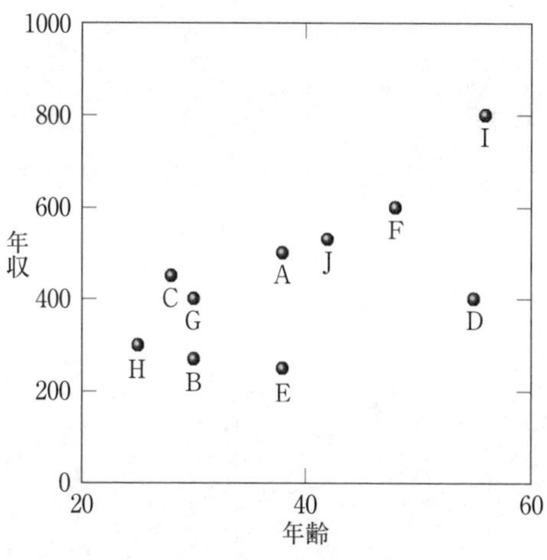


1) 2 つの変数の間で因果関係が想定されている場合は、原則として独立変数の側を X 座標に、従属変数を Y 座標にとる。

**図表 11－2** の点の位置を全体として見ていくと、年齢が上がれば上がるほど、年収が上昇している傾向が見てとれる。このように散布図を作成することで、変数 X が増えれば変数 Y も増える（**正の相関**：**図表 11－3a**）、変数 X が増えれば変数 Y が減っていく（**負の相関**：**図表 11－3b**）、変数 X が増えても変数 Y が増えたり、減ったりする関係がない（**無相関**：**図表 11－3c**）などの 2 つの変数の関係性を視覚的に把握することができる。さらに、本章ではその関係式までは触れないが、**曲線相関**（**図表 11－3d**）なども散布図を作ることで発見可能となる。

**図表 11－3　散布図から見る 2 変数の関連**

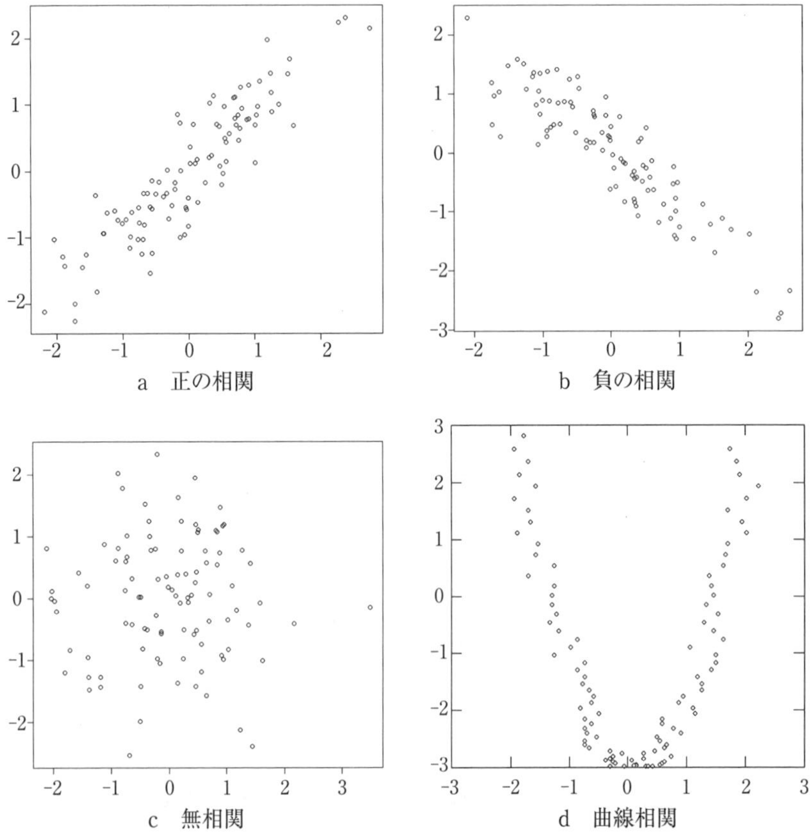

a　正の相関

b　負の相関

c　無相関

d　曲線相関

### (2) 線形関係

2つの変数の関連として、1つの変数が増えれば、もう1つの変数も増える、あるいは減るという単調的な変化を示すことがある。具体的には散布図としては、**図表 11－3a** や **11－3b** のような関係である。その直線的な関係のことを**線形関係**（linear relationship）と呼ぶ。次節より説明する相関係数や 13 章の回帰分析（単回帰分析）などは、そのような線形関係を前提にしている。そのため、相関分析や単回帰分析を用いるのが適切か否かを判断するためには、事前に散布図を作成し、2つの変数の関連が線形と言えるのか否かを確認する必要がある。

## 2. 相関係数の原理（分散・偏差・共分散）

### (1) 相関係数とは何か？

相関係数とは、前節で説明した線形関係が想定される2つの連続変数の関数について、その線形関係の強さの強弱と方向（正の方向か、負の方向か）を示す係数であり、その強さについては絶対値で0～1の間の値を、方向の正か負かはプラスかマイナスの符号で示すものである（なお、プラス符号は省略されることが多い）。正式には**ピアソンの積率相関係数**（Pearson's product-moment correlation coefficient）と呼ぶ。相関係数とだけ書いてある場合は、一般にこのピアソンの積率相関係数のことを指すことが多い。また、ここで注意が必要なのは、相関係数は2つの連続変数の間に「何らかの関係がある」ことを示すものではなく、あくまでも線形関係のみを扱うことができる点である。そのため、**図表 11－3d** のように明確な曲線的な関係があったとしても、相関係数が0に近くなることが多い。

そのように2つの連続変数間の線形関係の強弱と方向を示す積率相関係数について、次項からその考え方と算出方法を学んでいこう。

### （2）偏差の積と共分散

相関係数の基本的な考え方を理解するために、まずは個々の値から変数の平均値を引いた値（3章で説明された「偏差」）を用いて**図表 11－2** の散布図を作り直してみよう。

**図表 11－4　平均値を軸線とした散布図**

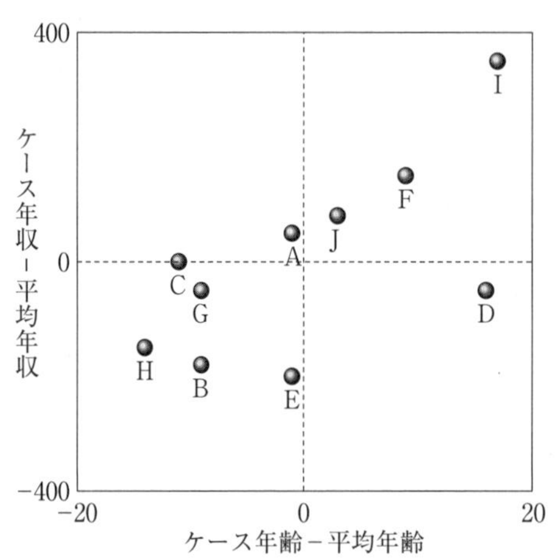


**図表 11－4** のように偏差で散布図を作った場合、図中の右上（第1象限）と左下（第3象限）にプロットされるケースの偏差の積（**偏差積**）は正の値となる。たとえば第1象限にあるFは年齢の偏差が9、収入の偏差が150で、その積は9×150=1350であり、第3象限のBだと年齢の偏差は－9、収入の偏差は－180で、その積は－9×－180=1620と正の値である。

一方、左上（第2象限）と右下（第4象限）にプロットされるケースでは、偏差同士の積は負の値となる。たとえば第2象限のAは年齢の偏差が－1、収入の偏差が50なので、その偏差積は－1×50＝－50。また第 4 象限の D では年齢の偏差が 16 で年収の偏差は－50 のため、その偏差積は 16 × －50 ＝ －800 と負の値となる。

このような関係から、散布図全体として第 1 象限と第 3 象限に点が多ければ偏差の積の合計値（偏差積和）は正の方向に大きく、一方、第 2 象限と第 4 象限に点が多ければ、偏差の積の合計値は負の方向に大きくなる。

その関係性を利用することで、2 つの連続変数の線形関係の強さと方向を示すことができる**共分散**（covariance）という数値が、次の式 11.1 によって算出できる。

$$\text{X と Y の共分散} = Cov(X, Y) = \frac{\Sigma(Y_i - \bar{Y})(X_i - \bar{X})}{n-1} \quad (\text{式 } 11.1)^{2)}$$

その共分散の計算過程を示したのが、次の**図表 11－5** である。

**図表 11－5　10 人のデータの値・X と Y の偏差・偏差×偏差（偏差積）**

| | X<br>年齢 | X 偏差<br>年齢 - 平均年齢 | Y<br>収入 | Y 偏差<br>収入 - 平均収入 | X 偏差× Y 偏差<br>偏差積 |
|---|---|---|---|---|---|
| A | 38 | －1 | 500 | 50 | －50 |
| B | 30 | －9 | 270 | －180 | 1620 |
| C | 28 | －11 | 450 | 0 | 0 |
| D | 55 | 16 | 400 | －50 | －800 |
| E | 38 | －1 | 250 | －200 | 200 |
| F | 48 | 9 | 600 | 150 | 1350 |
| G | 30 | －9 | 400 | －50 | 450 |
| H | 25 | －14 | 300 | －150 | 2100 |
| I | 56 | 17 | 800 | 350 | 5950 |
| J | 42 | 3 | 530 | 80 | 240 |

2) この式は標本の共分散を示し、母集団の共分散の場合の分母は「$n$」となる。これは 5 章で学んだ母集団の分散・標準偏差と標本の分散・標準偏差の違いと同じである。ただしケース数が十分に大きければ（100 を超える場合など）、$n$ で割っても $n-1$ で割っても実質的にはほとんど差がない。

まずそれぞれのケースについて、個々の値から平均値を引いた値（偏差）を計算する。その計算したＸとＹの偏差を１ケースごとに掛け合わせて偏差積を計算する。そうすると先に見たように、偏差がともに正の値の場合と負の値の場合（**図表 11－4** で第１象限と第３象限にプロットされるケース）では、計算した偏差積は正となる。それに対して、一方の偏差が正でもう一方が負のケース（**図表 11－4** では第２象限と第４象限に入るケース）では、偏差積は負の値となる。そこで、その偏差積を合計することで、全体としての関連の強さと向きを算出できるわけである。ただし、偏差積の合計は全体のケース数が多いほど大きくなりやすいので、それを補正するために偏差積の和をケース数マイナス１（母集団の共分散の場合はケース数）で割った値[3]が共分散となる。

その共分散は、２つの変数に線形の関連がまったくないときは０となる。一方、関連が強いほど、その値の絶対値が大きくなる。またその値が正の場合は「正の相関」が、負の場合は「負の相関」があることがわかる。ただし、その値は元の変数の測定単位によって異なる。そのため、さまざまな単位の変数を用いて計算した共分散という値では、その大小で関係性の強弱を判断できない（たとえば、日本とアメリカで年齢と年収の間の関連を比較したくても、年収の単位が日本円と米ドルと違うので、共分散の値は比較できない）。そこで使われるのが、次節で説明する積率相関係数である。

## 練習問題

【例題 11.1】**図表 11－5** を用いて、**図表 11－1** の年齢（Ｘ）と収入（Ｙ）の間の共分散を計算せよ（小数点第２位を四捨五入し、小数点第１位まで）。

---

3) $n-1$ で割るためわかりにくいが、基本的に偏差積の平均値をとっていると考えればよい。

### （3）積率相関係数の算出方法とその強弱

積率相関係数は、前項で述べた共分散を使い、その共分散の値を X と Y の値の標準偏差で補正することで算出できる。具体的には、式 11.2 のような数式となる。

$$r_{XY}=\frac{\text{共分散}}{\text{X の標準偏差}\times\text{Y の標準偏差}} \quad \text{（式 11.2）}$$

あるいは、共分散を計算していない場合でも、その計算に用いた偏差積和を X と Y の全体の散らばり具合（3 章で学んだそれぞれの偏差二乗の合計である「偏差平方和」）の値を用いて調整する次の式によって、積率相関係数は算出できる。

$$r_{XY}=\frac{\sum(Y_i-\overline{Y})(X_i-\overline{X})}{\sqrt{\sum(Y_i-\overline{Y})^2}\cdot\sqrt{\sum(X_i-\overline{X})^2}}$$

$$=\frac{\sum(\text{Yの偏差}\times\text{Xの偏差})}{\sqrt{\sum(\text{Yの偏差})^2}\times\sqrt{\sum(\text{Xの偏差})^2}} \quad \text{（式 11.3）}$$

式 11.2、11.3 のいずれにおいても、基本の考え方としては X と Y の共分散を、X と Y の散らばりを用いていわば単位をそろえることで、どのような単位の連続変数の関連でも、必ず－ 1 から＋ 1 までの間の値となるように変換しているのである。

その相関係数は、マイナス方向に大きいほど負の相関が強く、プラス方向に大きいほど正の相関が強いことを示す。さらに 0 に近いほど 2 つの変数の関連が弱いことを示し、0 のときは完全無相関となる。

また 9 章で扱ったクラメールの連関係数と同じく、相関係数にも一定の数値以上であれば「強く関連している」と言うことができるような統計的な基準は存在しない。ただ一般に、± 0.7 より大きい値（絶対値）で「強い相関がある」、± 0.5 程度で「相関がある」、± 0.3 程度では「弱い相関がある」と表現される。ただし、関連を検討する対象によっても「強い」「弱い」の意味が異なるので、それらはあくまで目安であることに注意しよう。たとえば、ある会社において、営業成績とボーナスの金額に +0.7 の相関係数があったとしても、そのことを納得する人も多く、特に強い相関とは考えないだろう。しかし、それが給与査定係との飲み会の回数とボーナスの金額に +0.5 の相関係数があった場合は、問題がある「強い」相関と判断されるかもしれない。そのように相関係数の「強さ」についての実質的な意味は、係数の大小だけでは判断できない点には注意が必要である。

**練習問題**

【例題 11.2】**図表 11－1** の年齢（X）と収入（Y）の間の相関係数を計算せよ（すでに一部の計算は**図表 11－5** で行われているので、それを活用すること）。

【例題 11.3】年齢とテレビへの信頼感の間に線形の関連があるかを検討するため、9 章でも用いた社会調査データを用いて相関係数を計算したい。年齢は平均値 55.02、標準偏差 15.620 で、テレビ信頼度（0 を含む－ 3 から＋ 3 までの 7 件法）の平均値は－ 0.056 の標準偏差は 1.565 であった。そして年齢とテレビ信頼度の共分散は 5.382 であった。以上の数値から相関係数を計算せよ。（小数点以下第 4 位を四捨五入し、第 3 位まで）

## 3. 相関係数の検定とその検定統計量

### (1) 相関係数の検定の考え方

本節では「母集団における2変数にはまったく線形関係がない」という帰無仮説をおく積率相関係数の検定について、その考え方を学ぶ。その考え方の基本は、他の章でも扱われている「統計的検定」と同じである。まず帰無仮説は「母相関が0」であり、一方の変数の値が変わっても他方の変数の値が特定の方向（正－負の方向）に線形に変化するわけではないという（統計的）独立の状態である。その独立の状態からの標本データの乖離（かいり）度合いから、母集団における相関係数（$\rho$、「ロー」と読む）が0か否かを確率論的に判断する。

積率相関係数に関する検定について、その手順をこれまでの章と同じ形式でまとめてみると、次の通りとなる。

| ①2変数の母集団における相関係数が0である、という帰無仮説を立てる。 |
|---|

$H_0：\rho = 0$（母集団において2変数の相関係数が0である）
$H_1：\rho \neq 0$（母集団において2変数の相関係数が0ではない）

| ②有意水準 $\alpha$ を設定する。 |
|---|

たとえば、$\alpha = 5\%$ とする。

| ③母数に基づく標本の確率分布と、その分布における帰無仮説が棄却される限界値を確認する。 |
|---|

標本の相関係数の検定についてはいくつかの方法があるが、ここでは $t$ 分布を用いる方法を詳しく説明しよう[4)]。平均値の検定にも用いた $t$ 分

4) 他にも相関係数を $Z$ 得点に変換し、正規分布を用いる検定方法もある。そのように $Z$ 変換を行って正規分布を用いる検定の場合は、$\rho=0$ でない帰無仮説の検定にも使えることが $t$ 分布を用いる方法との違いである。

布を確率分布とした相関係数の検定は、

$$t_{n-2}=\frac{r_{XY}-0}{\sqrt{\frac{1-r_{XY}^2}{n-2}}}=\frac{r_{XY}\sqrt{n-2}}{\sqrt{1-r_{XY}^2}} \quad （式 11.4）$$

という式で検定統計量を計算する。

この式11.4の基本的な考え方も、これまでの検定統計量と同じである。母集団の相関係数 $\rho$ が0ならば $r_{xy}$ の絶対値も小さくなりやすく、逆に絶対値が0とずれているほど（関連があるほど）$r_{xy}$ の絶対値も大きくなりやすい。そのような関係が分子の部分で表されている。

しかし、標本相関係数の散らばりはケース数に依存し（ケース数が多いほど散らばりが小さく、ケース数が少ないほど散らばりが大きくなる）、さらに相関係数の絶対値にも影響を受ける。そのため、その影響を分母で補正しているのである。なお、「$n-2$」の部分でケース数の、「$1-r^2$」で相関係数の絶対値の影響を補正している。その上で、この検定統計量の $t$ 分布の自由度は、ケース数マイナス2（$n-2$）である。

事例の数値を、式11.4に当てはめていこう。まず**図表11－1**の場合のようにケース数が10であれば自由度8（10－2）の $t$ 分布に従うこととなる。そのため、$\alpha=0.05$（両側検定）の場合は $t$ 値＝2.306が限界値となる。

> ④実際の標本データが、帰無仮説に基づく確率分布のどこに位置するかを算定するために、**検定統計量**（test statistic）を算出する。

その上で**図表11－1**の例であれば、練習問題11.2で計算したように相関係数は0.657であった。その値を具体的に前述の式11.4に入れていくと、まず分子には 0.657 という値が入る。また分母のルート内のうち、$1-r_{XY}^2$ の部分は $1-0.657^2 \fallingdotseq 0.5684$、$n-2$ は $10-2=8$ で、あわせた 0.5684 ÷8 の平方根である 0.26655 が分母となる。最終的に 0.657÷0.2665 として計算される $t$ 値 2.466 が今回の検定統計量となる。

| ⑤この検定統計量が、③で確認した限界値を超えている場合は、帰無仮説を棄却し、対立仮説を採択する。限界値を超えていない場合は、帰無仮説を棄却しない。 |
|---|

**図表 11－1** の例を続けると、その場合の限界値 $t$ 値は前述の通り 2.306 であり、検定統計量の $t$ 値＝2.466 は限界値を超えるので、帰無仮説を棄却し、対立仮説を採択する。つまり統計的検定の結果としては、年齢と収入の分布は母集団においては独立ではなく、統計的には一定の関連があると結論づけることとなる。

ただし、相関係数の検定で行っているのは、母集団における相関係数 $\rho$ が 0 ではないか、という一点である。つまり、相関係数の検定によって「有意」であったとしても、そのことが「相関関係が強い」ということを意味するとは限らない。たとえば今回の例であれば、決して母集団において相関係数が「0.657」であることが検証されたわけではない。あくまで「無相関ではない（$\rho \neq 0$）」と確率的に判断しただけであることに注意が必要である[5)]。

## 練習問題

【例題 11.4】年齢と日本への好感度の間に線形の関連があるかを検討するため、2021 年の全国調査データを用い相関係数を計算した結果、0.160 という値であった（サンプルサイズ（$n$）は 2809)。$\alpha=5\%$ 水準で有意性検定を行った場合（自由度∞の $t$ 分布表から限界値は 1.960)、有意で

5) 5 章で学んだ信頼区間を用いることで、母集団における相関係数の真の値が存在する区間を、確率的に推定（区間推定）することができる。その場合、$\alpha=5\%$ 水準の検定で有意であるとの結果は、95% 信頼区間に 0 が含まれない場合と等しい。

あるか否かを検討するために、式11.4に当てはめて検定統計量$t$を計算し、その上で有意であるか否かを判断せよ。

## 4. 相関係数を使う際に注意すべき諸点

相関係数は大変強力で多用される統計手法であるが、その分、誤用も少なくない。そこで、ここでは相関係数を使う際に注意しなければならない諸点をまとめておこう。

### （1）線形関係しか扱えないという問題

相関係数はあくまでも線形関係を前提に計算するものであるため、図表11－3dのように明確な曲線関係がある場合でも、相関係数の値はほぼ0になるか、あるいは非常に小さくなる。そのため、まずは散布図で線形関係の有無を確認し、相関係数を用いることが適切かを検討しておく必要がある。

### （2）はずれ値の問題

相関係数は、平均値や標準偏差などはずれ値の影響を受ける統計量を前提に算出するため、それら以上にはずれ値の影響を受けやすい。たとえば、**図表11－1**の例に年齢68歳、年収30万円のKさんが加わったとしよう。そのKさんを加えた11人で相関係数を計算し直すと、相関係数はほぼ0となってしまう。

AさんからJさんまでの10人は正規社員で週5日勤務なのに対して、Kさんは定年退職後の週1日の非常勤勤務であった。そのように、そもそも数値の性質が他とは大きく異なっている場合は、Kさんの値をはずれ値と見なして相関係数の計算から取り除くことが必要となる。あるいは次章で説明するスピアマンの順位相関係数を用いるという方法もある。

そのようなはずれ値を発見するためにも、**図表 11－2** のような散布図を先に作るべきである。その散布図ではずれ値がないかを確認し、もしはずれ値があれば、それらを外した上でなければ、適切な相関係数の値を算出することはできないのである。

### （3）異なる性質のグループが混在している場合の問題

先のはずれ値の問題では、性質が異なるケースが少数であったため、そのケースを外すことで問題が解決できた。しかし、性質が異なる複数のグループが混在したデータの場合はどうであろうか。

たとえば、正社員とアルバイトがほぼ同数のデータで年齢と年収の間の相関係数を計算した場合、雇用状態別にグループ分けしていれば正社員の場合は年齢と年収が正に相関する一方、アルバイトの場合は無相関であるような相関が見えなくなってしまうことがある。

そのような場合は、グループ分けをした上で相関係数を計算する必要があり、そのような相関係数を**分割相関**、または**層別相関**と呼ぶ（それらについては、次の 12 章で詳しく説明する）。

### （4）相関係数が大きいことが因果関係を示すわけではないこと

10 章の【コラム 8】にもあるように、「相関関係」があることは、因果関係を特定するための必要条件ではあるが、十分条件ではない。

そのため、いくら相関係数が大きくても、その X と Y の間に因果関係があるとは限らないのである。まず 9 章でも検討した疑似相関の問題がある（この点については重回帰分析を扱う 14 章などでも議論される）。

あるいは、どちらかを原因（X）、どちらかを結果（Y）と見なしたとしても、その時間的順序は、相関係数の大きさとは無関係である。つまり、XとYのどちらが時間的に先行しているかは、相関係数からは判断できず、あくまで理論的に考えて論証する必要がある。

**復習のポイント**

1. 散布図とは何か。また、3章で学習した「分布」とはどのような点で異なるか。
2. どのような関係において共分散や相関係数は意味を持つか。また共分散と相関係数はどのような関係にあるか。
3. 相関係数の検定によって判断できるのはどのようなことか。
4. 相関係数を用いるときに注意すべき点は何か。

# 12 連続変数間の関連(2):さまざまな相関係数

田辺俊介

《**12 章の目標**》相関係数のもつ問題点を解決するための発展的な方法を学ぶ。まずグループ別に相関係数を求めることで、グループの影響を取り除いた上で二つの連続変数の間の関連性を分析する層別相関の原理と性質を学習する。また二つの連続変数の関連の強さから連続変数としての第3変数の影響を取り除く偏相関係数について学ぶ。さらにピアソンの積率相関係数では生じるはずれ値の影響などを回避できるスピアマンの順位相関係数の基本的原理や特性を理解する。
《**キーワード**》層別相関、偏相関係数、順位相関係数

## 1. ピアソンの積率相関係数のもつ問題点

11 章で学んだピアソンの積率相関係数は非常に便利で利用可能性が高く、2つの連続変数の間の関連を検討する際にもっとも多用される統計値である。しかし、11 章でも指摘したはずれ値の問題などだけでなく、例えば第3変数を統制しないことによって生じる疑似無相関の可能性など、その値を適切に用いるためには気をつけるべき点も少なくない。そこで本章ではそれら問題を解決する手段として、まずグループ別にデータを分けることでグループごとの二つの連続変数間の関連の強さと方向を分析でき、同時に第3変数を統制する手法でもある層別相関分析を学ぶ。続いて連続変数である第3変数を統制した上での相関係数となる偏相関係数について学習する。さらにはずれ値の問題が生じにくいのみな

らず、母集団における正規分布の仮定が不要なスピアマンの順位相関係数の基本原理を理解する。以上のようなさまざまな方法を学習することで、より適切に「相関係数」を利用する手法や考え方を身につける。

## 2. グループごとの相関：層別相関（分析）

### （1）異なる性質のグループが混在している場合

11 章で説明したピアソンの積率相関係数は、計算式に平均値を含む分散や共分散から計算されるものである。そのため、はずれ値を適切に処理せず、一定のゆがみを含んだままの平均値を用いて算出される相関係数の値は、変数間の関係を正しく反映しないものとなる。そのため 11 章では、特定のケースをはずれ値として取り除いた上で分析する必要があることを説明した。

しかし、はずれ値として除外するのは、そのようなケースがあくまで少数で、例外であることを前提としている。しかし、一見するとはずれ値のように見えても、そのケースが性質の異なるグループ（集団）から得られたものであった場合、それらを一律分析対象から外してしまうことは、そのデータ全体がもつ性質をゆがめることにもなりかねない。

そもそも性質や関連性が異なるグループがデータ内に複数存在するにもかかわらず、それらを分けずに一つにまとめてしまっている結果、グループ別で見ていけば存在している 2 変数の間の関連性が見えなくなっている可能性もある（疑似無相関）。そのため、性質が異なる複数のグループが混在したデータの場合は、それぞれのグループを「層」として別々に分析することが必要になる。

たとえば、ある会社のフルタイム正社員だけではなく、相当数のアルバイト社員が含まれるデータを用い、年齢と年収の間の相関係数を計算した場合はどうなるであろうか。仮にその会社では正社員のみに年功賃金があり、アルバイト社員にはそのような昇給システムがない場合、雇用状態を弁別せず混在させたまま分析してしまえば、その全体データでの年齢と年収の間の相関係数は非常に低いか、もしくは無相関に近い値となるかもしれない。そのように雇用状態別（この例では正社員グループとアルバイト社員グループ）に分析していれば明確に発見される相関関係が見えなくなってしまうことがある[1)]。

そのような場合、適切なグループ分けをした上で相関係数を計算する必要がある。そのような相関係数を**層別相関**、または**分割相関**と呼び、そのようにグループ（層）に分けた上で相関係数を算出する分析について**層別相関分析**とも呼ぶ。

層別相関分析の考え方や分析方法は、10章で行った3重クロス集計表とほぼ同じである。10章では元々の2つの離散変数の関連を検討していたクロス集計表（零次のクロス集計表）を、第3変数のカテゴリーごとに作り直していた。層別相関分析でも同様に、第3変数のカテゴリーを「層」とし、それぞれに分けた上で相関係数を計算する。よって、この層別相関分析はピアソンの積率相関係数において離散変数を統制する方法の一つということができる。

以上説明した層別相関分析について、実際にデータをグループに分ける前の相関係数と層別にした場合の相関係数を比べることで、その必要性を確認してみよう。そのために、11章の架空例についてケース数を増やした架空データ（**図表12－1**）について、その中の年齢と年収のデータを使ったのが、次の事例（**図表12－2**。**図表12－1**のデータのうち、

1) 同様の問題として、一部のデータが欠落することで相関が弱まったり、無相関となったりする場合がある。例えば結婚経過年数と結婚満足感の関係を考えてみよう。その際問題になるのが、経過年数に伴って結婚満足感が一定以下まで低下した結果として離婚したカップルのケースは、その「結婚経過年数と結婚満足感」のデータに含まれなくなってしまう点である。そのような観測できないこと（観測が打ち切られたこと）によるデータの歪みなども、相関係数に大きく影響する。なお、このように特定のデータが切り出されることで生じる効果のことを切断効果、あるいは選抜効果などとも呼ぶ。

年齢と年収の関連を散布図にしたもの）である。

**図表 12－2** の中の●印の A から J までは 11 章の架空例のデータ（**図表 12－1** 左側）であり、＊印の K～T までが本章での新規追加データである（**図表 12－1** 右側）。その上で●印の A～J は正社員、＊印の K～T はアルバイト社員というように、性質の異なる労働者であったとしよう。そのグループの違いを考えず、A～T までの全体で相関係数を計算すると 0.164 と、非常に弱い正の相関となる。それに対して正社員である A～J までと、アルバイト社員である K～T までを別の層として層別相関係数を計算してみよう。その結果、A～J の相関係数は 0.657 と比較的強い正の相関、逆に K～T の相関係数は－0.620 と比較的強い負の相関となる。

以上の架空例でも示されたように、異なる性質をもつグループをまとめたまま相関係数を計算してしまうと、それぞれのグループの中では存在している 2 つの連続変数の間の関連を適切に反映した値にな

**図表 12－1　年齢と年収と教育年数（架空データ 10 ケース＋新規 10 ケース）**

| | 年齢 | 年収 | 教育年数 | | 年齢 | 年収 |
|---|---|---|---|---|---|---|
| A | 38 | 500 | 15 | K | 23 | 340 |
| B | 30 | 270 | 14 | L | 36 | 270 |
| C | 28 | 450 | 13 | M | 46 | 250 |
| D | 55 | 400 | 9 | N | 40 | 310 |
| E | 38 | 250 | 10 | O | 55 | 200 |
| F | 48 | 600 | 13 | P | 62 | 220 |
| G | 30 | 400 | 11 | Q | 33 | 300 |
| H | 25 | 300 | 16 | R | 44 | 280 |
| I | 56 | 800 | 14 | S | 37 | 230 |
| J | 42 | 530 | 15 | T | 46 | 350 |

図表 12－2　架空例の散布図

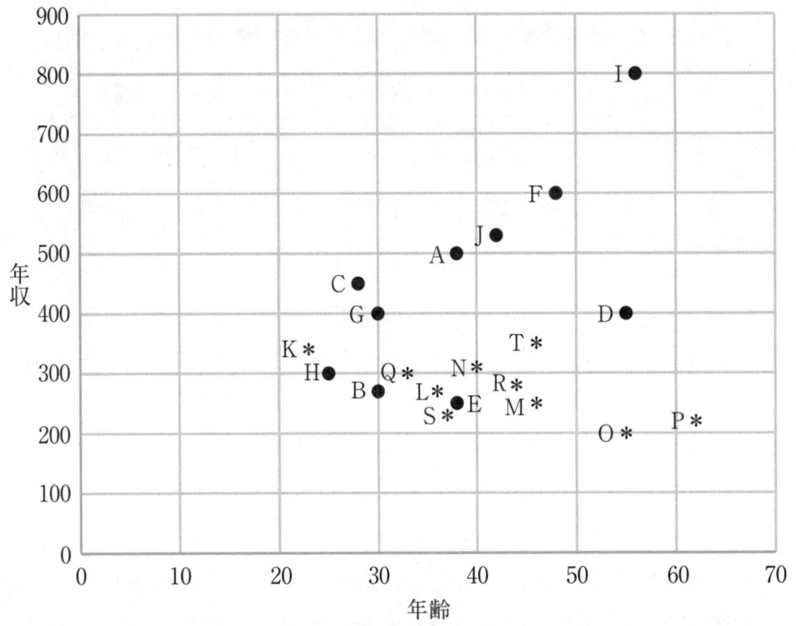


らない。そのため相関係数を用いる際、特に性質の異なる集団がグループ内に存在すると考えられる場合、層別相関分析の必要性を考えるべきであろう。

### （2）層別相関分析の実際の社会調査データによる事例

本節では実際の社会調査データの分析事例から、層別相関係数の意味を考えてみよう。具体的には、2015 年「社会階層と社会移動に関する全国調査」（以下、「2015 年 SSM 調査」と略記）という社会調査データを用い、教育年数と個人収入の間の積率相関係数について、全体データと男女別データについて雇用形態別に層別相関分析を行い、その係数を算出したのが以下の**図表 12－3** である[2)]。

**図表 12－3　教育年数と個人年収の相関係数（雇用形態・男女別）**

| | 全従業者 | 経営者・役員 | 常時雇用一般従業者 | パート・アルバイト | 自営業主、自由業者 |
|---|---|---|---|---|---|
| 全体 | 0.253 | 0.384 | 0.240 | 0.033 | 0.167 |
| 男性 | 0.237 | 0.306 | 0.263 | －0.184 | 0.222 |
| 女性 | 0.259 | 0.391 | 0.215 | 0.075 | 0.080 |

まず従業者全体では 0.253 という弱い相関が見られ、全体的に教育年数が長い方が個人年収もわずかながら高い傾向が確認できる。その上で層別の相関係数を見ていくと、常時雇用一般従業者では 0.240 と全体と近似した係数となっており、また経営者・役員では 0.384 と少し高めの値になっている。それに対して雇用形態がパート・アルバイトであると、その係数は 0.033 とほぼ無相関に近い値となる。これらの値は、常時雇用一般従業者や経営者・役員では教育年数が長いほど個人収入も高くなる傾向があるのだが、パート・アルバイトでは教育年数の長短によって年収がほとんど変わらないことを示す。さらに男性のパート・アルバイトでは－0.184 という値であり、弱いながらも教育年数が高い方が個人年収は低いという関係が示されている。また自営業主、自由業者でも係数が 0.167 と全体に比べて一定程度低い。この点は特に自営業では、学歴と個人年収の間の関連が常時雇用一般従業者などと比べて弱いことが反映された結果であろう。このように雇用形態別（さらに男女別）で教

2) なお、60 歳以下の有職者に分析対象を限定した上で学習用に 2000 ケースにリサンプリングして非限定公開されている疑似データを用いている。また個人年収についてはカテゴリーの中央値をもちいて「万円」単位の実数に、教育年数は最後に通った学校が大学院なら 18 年、大学では 16 年、短大で 14 年などのように年数に変換した。なお、層別相関分析を行う場合、今回の事例のように男女×雇用形態別のように複数のカテゴリーの組み合わせ別に行えば、多重クロス集計表の場合と同じく、2 つ以上の変数を同時に統制することも可能である。

育年数と個人年収の関連が一定程度異なることが、この層別相関係数によって明らかにできたのである。

## 3. 偏相関係数

**偏相関係数**（partial correlation coefficient）とは、前項で説明した層別相関分析と同じく、特定の相関係数から第3変数の影響を取り除いた相関係数のことである。ただし、層別相関係数の場合の「層」は離散変数であったのに対して、偏相関係数では連続変数である第三変数の影響を取り除く点で異なる。10章の多重クロス集計表で論じた問題と同じく、たとえ2つの変数の間に一定の関連が存在したとしても、そこには他の変数に起因する関係の影響が含まれていることも多い。そのため、そのような他の変数の影響を取り除いた相関係数が偏相関係数である。

その偏相関係数について、計算方法も含めて架空例で検討していこう。用いるのは、**図表12-1**の年齢と年収、教育年数である（ただし、左側のA～Jのみ)。まず偏相関係数は、以下の式によって計算できる。なお、以下の式12.1では$Z$が影響を取り除く変数であり、$Z$の影響を取り除いた上での$XY$の相関関係が、偏相関係数（$r_{XY,Z}$）となる。

$$r_{XY,Z}=\frac{r_{XY}-r_{XZ}r_{YZ}}{\sqrt{1-r^2_{XZ}}\sqrt{1-r^2_{YZ}}} \quad \text{(式 12.1)}$$

上の式12.1は$X$と$Y$の分散のうち、$Z$とは相関していない部分（残差）同士の相関係数を算出しているものとなる。その式12.1に事例をあてはめて考えていこう。まず$X$は年齢、$Y$が年収、そして統制する教育年数は$Z$とする。その上で$r_{XY}$は$X$と$Y$の相関係数、$r_{XZ}$は$X$と$Z$の、$r_{YZ}$は$Y$と$Z$の間の相関係数であり、それらはそれぞれ架空例で

は $r_{XY}$=0.657、$r_{XZ}$=－0.315、$r_{YZ}$=0.252 である。それらの数字を上の式 12.1 に当てはめていくと、以下の式のようになる。

$$r_{XY,Z}=\frac{0.657-(-0.315\times0.252)}{\sqrt{1-(-0.315)^2}\sqrt{1-0.252^2}}=0.802$$

以上の算出結果である 0.802 が、今回の教育年数（Z）を統制した上での年齢（$X$）と年収（$Y$）の間の偏相関係数となる。このように元の相関係数が偏相関係数になったことで上昇（0.657→0.802）したのは、教育年数が同じ場合は年齢と年収はより強く相関すること、また教育年数を統制しないとその関連が過小評価されることを示す。

またこの係数の変化は、年齢の年収への影響力が教育年数を媒介して低下していたことを示す。これは、教育年数は年収を高める（0.252 の正の相関）一方で、年齢が高いほど教育年数が低めになる（－0.315 の負の相関）ためである。そのように相互に関連しあった変数の影響力を統制した上での相関関係の強さと方向を確認できるのが、この偏相関係数の利点である。

さらに実際の具体的な数値例として、先ほど紹介した 2015 年 SSM 調査の教育年数と個人収入の相関係数について、年齢という変数の影響を取り除いた偏相関係数を計算した。その結果が以下の**図表 12－4** である。

**図表 12－4　年齢を統制した教育年数と個人収入の偏相関係数（雇用形態・男女別）**

| | 全従業者 | 経営者・役員 | 常時雇用一般従業者 | パート・アルバイト | 自営業主、自由業者 |
|---|---|---|---|---|---|
| 全体 | 0.271 | 0.382 | 0.302 | 0.033 | 0.168 |
| 男性 | 0.269 | 0.308 | 0.326 | －0.188 | 0.224 |
| 女性 | 0.260 | 0.253 | 0.267 | 0.076 | 0.079 |

まず従業者全体での偏相関係数は 0.271 となった。これは**図表 12－2**の係数 0.253 と大きな差はないことから、全体としては年齢の影響を統制した上でも、教育年数と個人収入の間には同様の弱い相関があるようである。ただ、特に常時雇用一般従業者については一定程度係数が大きくなっており（たとえば全体では 0.240 から 0.302）、より安定的な雇用状況にいる人の方が、年齢の影響を除外した上では教育年数の収入に与える影響力が強い可能性を示唆する結果である。

以上のように 2 変数の間の相関係数だけを見ていただけでは分からなかった 2 変数間の「真の相関関係」に近づけることが、層別相関分析や偏相関係数の強みである。さらにこの数値の変化によって、10 章で議論した第 3 変数の効果の検討を行うこともできるのである。

**練習問題**

【例題 12.1】 2015 年 SSM 調査の 60 歳以下の有業者全体における年齢と個人収入の相関係数は 0.128、年齢と教育年数の相関係数は－0.112、個人収入と教育年数の相関係数は 0.253 である。それら数値を使って、教育年数を統制した上での、年齢と個人収入の間の偏相関係数を計算せよ。

## 4. スピアマンの順位相関係数

10 章でも簡単に説明した各種の順位相関係数についても、ピアソンの積率相関係数では生じてしまう問題を回避するための一つの手段となる。特に本節では、その中でもスピアマンの順位相関係数[3] について詳しく説明することで、順位相関係数の利点と使用方法を説明していこう。

まずスピアマンの順位相関係数は、順位データに限らず、順序尺度以上の尺度レベルの変数の相関係数として用いることができる。特に連続

3) 一文字で示す時は、ピアソンの積率相関係数とも区別するためにも、$r$ にあたるギリシア文字の「$\rho$」（「ロー」と読む）と表記することが多い。

変数については、その元のデータを順位（順番）に置き換えることから、（元の細かい情報が失われる側面があるとはいえ）はずれ値の影響を受けにくくなる。

また統計的に厳密な議論を行えば、ピアソンの積率相関係数では2つの変数が母集団において正規分布しているという仮定をおいている[4)]。ただ、社会に関する様々な実際のデータは、その仮定を満たさないことも少なくない。それに対して順位相関の場合は、もともとのデータを「順位」（ランク）に置き換えることで、そのような正規分布の仮定は不要となる。

そのスピアマンの順位相関係数は、その係数自体はピアソンの積率相関係数と同じく、0の時に完全無相関、+1で完全な正の相関、−1で完全な負の相関となる。その公式の一つは以下の通りである[5)]。

$$\rho=1-\frac{6\sum_{i=1}^{n}D_i^2}{n(n^2-1)} \quad \text{（式 12.2）}$$

上のスピアマンの順位相関係数の公式12.2は、分子を2つの変数の共分散、分母をそれぞれの変数の標準偏差の積であるピアソンの積率相関係数の公式について、データを順位に置き換えて展開しただけである。もう少し詳しい説明をすれば、まず1からマイナスする分子の部分について、$D_i^2$とは$i$番目のデータにおける2つの変数の順位（ランク）の差の2乗である。これは各ケースにおける二つの変数の順位が同じ、もしくは近い値であれば小さい値となり、結果的に1からマイナスする値も小さくなるので、プラスの方向の値（正の相関）の値が大きくなる。

---

4) このように母集団分布について特定の確率分布（主に正規分布）を仮定する統計手法をパラメトリック統計、一方で以下に説明するスピアマンの順位相関係数のような特定の確率分布を仮定せずに用いる手法はノンパラメトリック統計と呼ぶ。

5) 同順位（タイ）が少なければ影響は小さいが、それが多い場合は別の公式を用いる必要がある。また、スピアマンの順位相関係数についても統計的検定は可能である。それらの詳細はボーンシュテット＆ノーキ『社会統計学』の9章などを参照のこと。

一方2変数の順位の差が大きいほど、その差の二乗値の合計も大きくなる。その結果、1からマイナスする値が1を上回るマイナスの値となることで、負の相関があることを示すことができる。また分母は標本サイズ（$n$）を利用して計算され、展開すれば標本サイズの3乗から標本サイズを引いた値となり、これによって標本サイズによる分子の大きさを補正することができるのである。

この順位相関係数とピアソンの積率相関係数の違いについて、まずは**図表12－1**でも示した架空データについて、順位を追加した**図表12－5**を見ながら確認してみよう。

**図表12－5　年齢と収入の架空データ（順位付き）**

| | 年齢 | 年齢順位 | 収入 | 収入順位 | 順位差 | 順位差の2乗 |
|---|---|---|---|---|---|---|
| A | 38 | 5.5 | 500 | 4 | 1.5 | 2.25 |
| B | 30 | 7.5 | 270 | 9 | －1.5 | 2.25 |
| C | 28 | 9 | 450 | 5 | 4 | 16 |
| D | 55 | 2 | 400 | 6.5 | －4.5 | 20.25 |
| E | 38 | 5.5 | 250 | 10 | －4.5 | 20.25 |
| F | 48 | 3 | 600 | 2 | 1 | 1 |
| G | 30 | 7.5 | 400 | 6.5 | 1 | 1 |
| H | 25 | 10 | 300 | 8 | 2 | 4 |
| I | 56 | 1 | 800 | 1 | 0 | 0 |
| J | 42 | 4 | 530 | 3 | 1 | 1 |

まずケースAについて、年齢38歳の順位は5.5位となっている。これはEも同じく38歳で同順位となるため、5位と6位の平均順位で5.5位となっている。一方で収入500万の順位は4位なので、その順位差（$Di$）は5.5－4=1.5となり、その2乗は2.25という値となる。そのように計

算した順位差の２乗の合計値は68となる。そのように**図表12－5**で計算できる数字を式12.2に当てはめていくと、以下のようになる。

$$\rho=1-\frac{6\times 68}{10(10^2-1)}=1-\frac{408}{990}\fallingdotseq 0.588$$

以上のように、今回の架空例のスピアマンの順位相関係数は0.588となる。この値は、同じデータで計算したピアソンの積率相関係数0.657と比べるといくぶん小さな値となっている。この点、今回の計算に用いた**図表12－2**の●印のケースの付置を見直していくと、収入がもっとも大きな値を示すケースＩは、他のケースに比べて少し飛び出た値となっており、その影響が順位に変換することで緩和されたことが影響していると考えられる。仮にＩがはずれ値であったり、そもそも収入の変数が母集団で正規分布していなかった場合などは、２つの変数の間の相関関係の強さを示す係数としては、スピアマンの順位相関係数の方が妥当な値となる。一方で用いる変数が母集団においても正規分布しており、Ｉなどもはずれ値と言いうるケースでなかったならば、その細かな情報をけずって順位にしてしまっている分だけスピアマンの順位相関係数の値はデータを適切に反映しきれていない、いわば「にぶった」値となり、一方のピアソンの積率相関係数の方が感度のよい適切な指標となる。

それでは次に、実際の社会調査の例で確認しておこう。ここで用いるのは、９章でも用いた世論調査（「日本の国際化と市民の政治参加に関する世論調査2021」）のデータである。その中でも今回は、それぞれの国に対する好感度を、－3から＋3までの７件法[6)]で聞いた中の、中国とアメリカに対する好感度の回答データを用いる。

6) 原理的にはこの７件法データは連続変数ではなく、順序性までしか保証されていない順序尺度である。ただ実際の分析では５つ程度のカテゴリー数をもつ順序尺度を連続変数として扱い、ピアソンの積率相関係数を算出することは少なくない。特に（今回の事例とは異なり）平均値・中央値・最頻値が一致し、またすそ野が広がるほどケース数が少なくなる正規分布に近い回答分布であった場合などは、連続変数として用いても実質的には問題がないことが多い。

まず、そのデータの分布を確認するため、−3から+3の値までの回答分布をヒストグラムにしたものが、次の**図表12−6**である。

**図表12−6　中国とアメリカに対する好感度の回答分布**

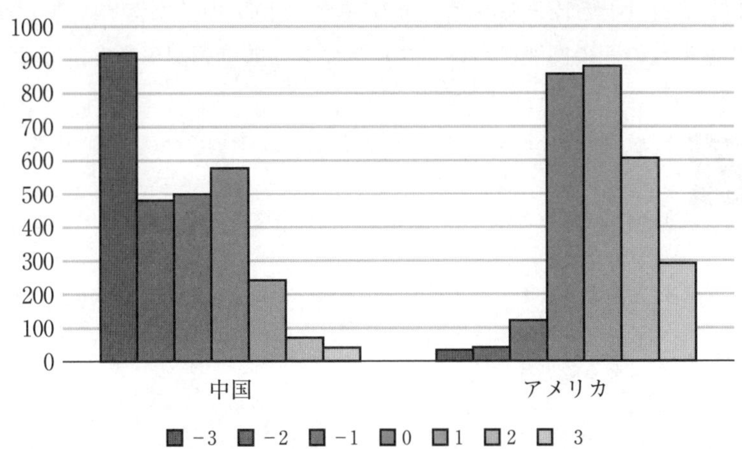


以上のヒストグラムをみても明らかなように、この回答分布は平均値と中央値､最頻値が一致する正規分布とはかけ離れた分布となっている。よって中国とアメリカに対する好感度の間の関連の強さを検討するとき、ピアソンの積率相関係数は適切な統計値とならないと考えられ、このような場合はスピアマンの順位相関係数を用いる方が望ましいと考えられよう。

実際に中国とアメリカに対する好感度の間の関連の強さの係数を計算してみると、ピアソンの積率相関係数は0.169となり、一方のスピアマンの順位相関係数は0.115[7]となった。このように変数の分布が正規分布とは大きく異なる場合はピアソンの積率相関係数が不適切であることを示すように、今回の事例でもその二つの係数の値は大きく異なる。そ

7) 同順位（タイ）が多いデータのため、注5でも述べた、式12.2とは別の公式で算出している。

のため、2つの変数の間の相関関係を検討する際には、その変数の分布などもしっかりと確認した上で、適切な係数を用いる必要がある。

**練習問題**

【例題 12.2】**図表 12－1** のデータのAからJの10人分について、年齢と教育年数の間の関連についてスピアマンの順位相関係数を計算せよ。

**復習のポイント**

1. 層別相関分析とは何か。または通常のピアソンの積率相関係数とはどのような点で異なるか。
2. 偏相関係数とは何か。また偏相関係数によって判断できるのはどのようなことか。
3. どのような場合にスピアマンの順位相関係数を用いるべきか。またピアソンの積率相関係数とスピアマンの順位相関係数はどのような関係にあるか。

# 13 回帰分析(1)：回帰分析の基礎

田辺俊介

**《13 章の目標》** 2つの連続変数を使って、一方の変数からもう一方の変数を予測したり、変数間の関連をモデル化する手法である回帰分析について、その考え方と基礎を学ぶ。またデータの事例を用いて、予測のための回帰直線、それを推定する原理（最小二乗法)、回帰係数の検定について解説する。
**《キーワード》** 回帰直線、回帰式、回帰係数と定数、最小二乗法

## 1. 回帰分析とは

### (1) 回帰式と回帰係数・定数

**回帰分析**（regression analysis）は、11 章で説明した積率相関係数と同じく連続変数どうしの関連を扱うための統計手法である。積率相関係数が2つの連続変数の間の関連の「強さ」を算出するのに対し、回帰分析は2つの連続変数を独立変数（X）と従属変数（Y）とに区別し、前者から後者を「予測」あるいは「説明」することが目的である点で異なる。より具体的には、予測（説明）される側の従属変数（「被説明変数」とも呼ばれる）Y が、次の式 13.1 のような**線形回帰式**に基づき、独立変数（「説明変数」とも呼ぶ）X を用いて予測される[1]。二つの変数の間の関連を、得られたデータに基づいて算出される数式という形でモデル化し、説明する手法であるともいえる。

1) Y の予測値は、実際の Y の値（実測値）とは区別して、それに ^（ハット）を付けて表記する。また各ケース $i$ の値について表記する際は原則として小文字（$x_i$, $y_i$）を使用するが、予測値については実測値との混同を避けるために大文字を用いる。

$$\hat{Y}_i = a + bX_i \quad (\text{式 } 13.1)$$

式13.1を解説していこう。まず$a$は**定数**と言い、独立変数Xの値が0のときの従属変数Yの予測値である。次に$b$は**回帰係数**と呼び、独立変数Xの値が1増加したときの、従属変数Yの予測値の変化量(増／減)を示す。

11章の例（p.147、**図表11－1**）の架空例を使って具体的に考えていこう。A～Jの10名それぞれの年齢（横軸＝X軸）と1年間の個人収入額（単位:万円、縦軸＝Y軸）とのデータが、**図表13－1**の散布図（◆印）の通りだったとする。そして、年齢（X）から年収額（Y）を予測する回帰分析を行った結果、

$$\hat{Y}_i = 63.5 + 9.91X_i$$

という回帰式が得られた。定数の63.5は、年齢が"0"のときの収入額の予測値であり、回帰係数の9.91は、年齢が"1"歳増加したときの個人年収の予測値の増加分であることを示す。その回帰式をXとYの座標軸上に直線で表したのが**図表13－1**である。定数$a$を（Xが0の時の予測値としてY軸の）「切片」、回帰係数$b$は（Xが一単位増えた時のYの増減として直線の）「傾き」として表すことができる。この切片と傾きに従って描かれる直線のことを**回帰直線**と呼び、Yの「予測値」（図中の「＋」印）は、すべてこの直線上に位置することになる。

**図表 13－1　回帰直線と実測値（◆）と予測値（+）の散布図**

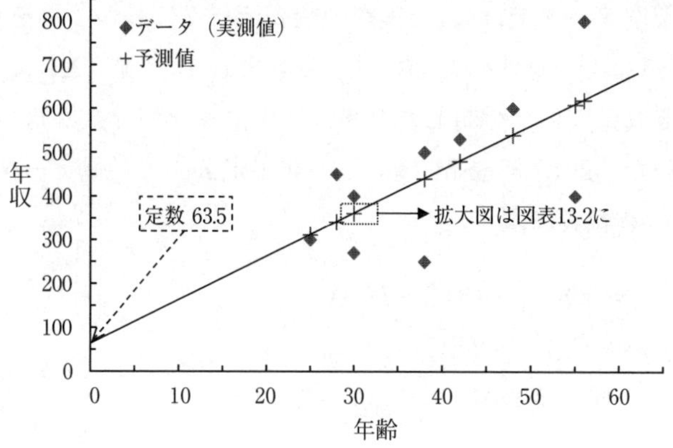


**図表 13－2　回帰直線における X の 1 単位の増加と Y の予測値の増加の図解**

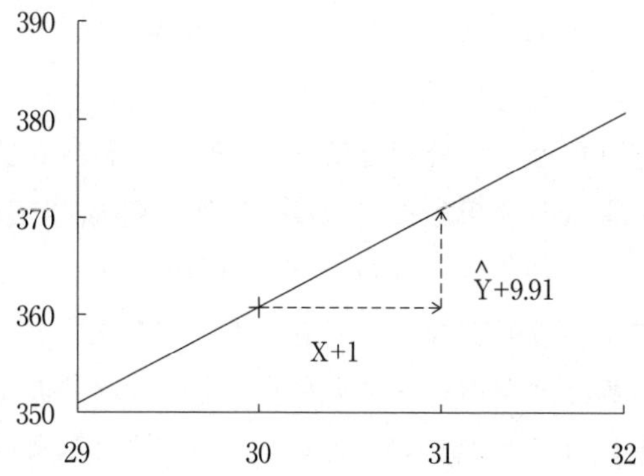


**図表 13－2** は、**図表 13－1** の中の┆┆部分を拡大したものである。回帰直線上では、X がプラス 1 されると（30 → 31）、$\hat{Y}$ の値が +9.91 されるという関係を見てとることができるだろう。

### （2）全国調査データに基づく推定

今度は架空データではなく、実際の調査データに基づく例を挙げよう。個人年収（Y）を予測するための独立変数として、年齢（X）に着目して、男女それぞれについて分析した結果、次のような回帰式が得られた（12章でも用いた「2015年SSM調査」の非限定公開の疑似データ。同じく60歳以下の有職者に限定）。

男性（$n$= 968）$\hat{Y}_i$=184.9＋7.91$X_i$
女性（$n$=1032）$\hat{Y}_i$=269.1－0.30$X_i$
※データ：2015年SSM、60歳以下の有職者

男性を対象とした分析によると、年齢が"0"歳の場合、その個人年収は約185万円、その年齢が1歳上がるごとに年収が約8万円ずつ上昇すると予測される。この回帰式に基づくと、40歳男性の場合の個人年収の予測値は184.9＋7.91×40で計算でき、約501万円と予測される。

一方で女性を対象とした分析では、1歳年齢が上がるごとに0.3万円個人年収が低下すると予想されている。これは60歳以下の有職男性回答者の約8割がいわゆる「正社員」（常時雇用されている一般従業者）であり、年齢に基づく昇給などが存在するのに対し、60歳以下の有職女性回答者の半数ほどがパートアルバイトその他の「非正規」雇用で、そのような年齢に伴う昇給がほぼないことが影響していると推定される。さらに、そのような非正規雇用の割合が女性では年齢が上がるほど高まることからか、むしろ年齢が高い方が年収額が低下する傾向が示されたと考えられる。

なお男性の予測式の中の184.9という定数aは、先述したように年齢が"0"歳の場合の個人年収の予測値となるが、この数値自体は複数の意味において「非現実的」な予測値である。まず今回予測式を算出するた

めに用いた2015年SSM調査の調査対象者は20歳以上であり、0歳はもちろん含まれず、式で予測可能な年齢範囲に含まれていない。また今回の回帰分析では分析対象を有職者に限定しているため、そもそも0歳の「有職者」という、実際にはほとんど存在しない対象の予測値となっている。このように、そもそも予測値を導いたデータの範囲外や適用外の対象については、確かに予測値自体は計算可能であるが、実質的には無意味なことがほとんどである。そのため、回帰式で予測・説明可能な範囲については、それぞれの回帰式ごとに適切に理解する必要がある。

## 2. 予測の原理：最小二乗法

### （1）最小二乗法の考え方

回帰式に基づいて「予測」された値は、実際のデータに一致しているとは限らない。むしろ通常は、予測には一定の誤差がともなう。ただし、予測するからには、できるだけ誤差の少ない推定を行うことが望ましいことは言うまでもない。そこで、回帰分析における推定法としてよく用いられるのが、**最小二乗法**（ordinary least squares：OLS）と呼ばれる原理である。その考え方は、次の通りである。

まず従属変数に関する、各ケースの実測値と、回帰分析によって推定される予測値との差を**残差**（residual error）と呼び、“$e$”と表記する[2)]。

先の散布図の一部を取り出して、4つのケースの残差（$e_1$〜$e_3$）を示すと、次の**図表13－3**のようになる。

最小二乗法は、各ケースについて予測値と実測値のズレである残差「$e$」を二乗し、その合計が全体として最も小さくなるように定数と回帰係数を推定する方法である[3)]。そのことを式で表せば、

2）標本による予測式に基づく予測値と実測値のズレをresidual、母集団における真の予測式に基づく予測値と実測値のズレをerrorと呼び分けることもあるが、ここではその両者を“$e$”と表記している。

3）残差の合計はどのような場合でも“0”となるので、残差の2乗を最小化する。

図表 13－3　残差の図解

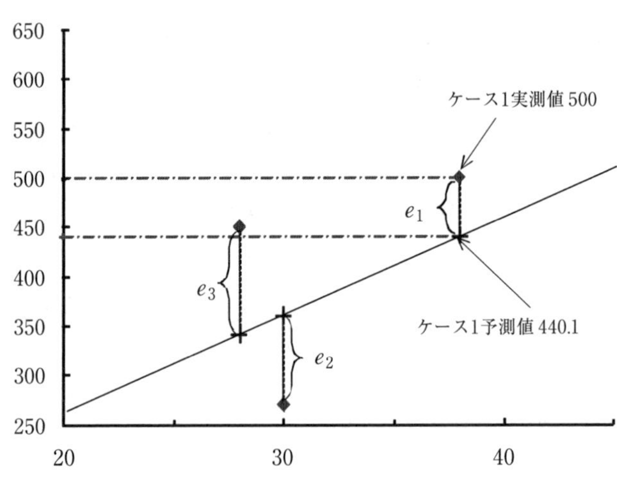


$$\sum_{i=1}^{n} e_i^2 = \sum_{i=1}^{n} (Y_i - \hat{Y}_i)^2 = \sum_{i=1}^{n} \{Y_i - (a + bX_i)\}^2 \qquad \text{（式 13.2）}$$

となる。なお、残差 $e$ の二乗の合計は**残差平方和**（error sum of squares : “$SS_{ERROR}$” と表記）[4] と呼ばれる。

この残差平方和はその名の通り、予測値と実測値の差である残差（$e$）を二乗（平方）した値の合計値（和）となる。たとえば**図表 13－3** の $e_1$ であれば、ケース 1 の実測値 500 万と予測値の 440.1 万の差である 59.9 の二乗（平方）である 3588.01 という値が、ケース 1 の残差平方である。同様の計算を全ケースに対して行い、その合計値（総和）が残差平方和である。今回の架空事例では、144191（小数点以下第 1 位で四捨五入）がその値となる。

この原理に基づく係数の推定は微分法により求めることができるが、

4)「誤差平方和」とも呼ばれるが、注 2 で述べた区別とともに他の場合にも用いられる誤差（例：標準誤差）との混同を避けるためにも、本書では「残差平方和」と呼ぶこととした。

その詳細はここでは省略し、最終的な式だけを提示すると、以下のような式で回帰係数と定数が求められる。まず回帰係数は、

$$\text{回帰係数 } b = \frac{\sum_{i=1}^{N}(X_i - \overline{X})(Y_i - \overline{Y})}{\sum_{i=1}^{N}(X_i - \overline{X})^2} = \frac{\text{X と Y の偏差積和}}{\text{X の偏差平方和}} \quad \text{（式 13.3）}$$

によって求められる。この式は、積率相関係数で紹介したＸとＹの「共分散」を、Ｘの分散で割った値に等しい（分母・分子のそれぞれを標本データの場合〔$n-1$〕で割ったものが、Ｘの分散・ＸとＹの共分散である）。

また定数については、以下の式 13.4 で求められる。

$$\text{定数 } a = \overline{Y} - b\overline{X} \quad \text{（式 13.4）}$$

定数とは x が 0 のときのＹの予測値に等しい。そのため、式 13.3 で示されるように、Ｘの平均値に回帰係数を掛けた値をＹの平均値から引くことで定数 $a$ は算出できる。

それでは 11 章でも用いた 10 ケースからなる架空データ（**図表 13－4**）を利用して、実際の計算手順を確認していこう。まず回帰係数の計算式における分子に相当するのは、各ケースの平均からの偏差どうしを掛け合わせた「偏差積」の合計＝「偏差積和」である。各ケースの偏差積について、たとえば最初のケースＡでは、年齢の偏差〔38 －平均 39 ＝−1〕×年収の偏差〔500 －平均 450=50〕＝−50 となる。そして、そのように計算する各ケースの偏差積を合計したものが偏差積和である。架空データでは計算していくと、11060 となる。

次に式 13.3 の分母に相当するのは、独立変数の「偏差平方和」である。**図表 13－4** の架空例であれば、独立変数である年齢のケースＡの

**図表 13－4　架空例の偏差積和の計算過程**

| | データ | | 平均からの偏差 | | 偏差積 |
|---|---|---|---|---|---|
| | 年齢 | 年収額 | 年齢 | 年収額 | |
| A | 38 | 500 | －1 | 50 | －50 |
| B | 30 | 270 | －9 | －180 | 1620 |
| C | 28 | 450 | －11 | 0 | 0 |
| D | 55 | 400 | 16 | －50 | －800 |
| E | 38 | 250 | －1 | －200 | 200 |
| F | 48 | 600 | 9 | 150 | 1350 |
| G | 30 | 400 | －9 | －50 | 450 |
| H | 25 | 300 | －14 | －150 | 2100 |
| I | 56 | 800 | 17 | 350 | 5950 |
| J | 42 | 530 | 3 | 80 | 240 |
| 平均 | 39 | 450 | 偏差平方和 | | 偏差積和 |
| 分散 | 124 | 28200 | (a) | 253800 | 11060 |

偏差平方は $(38-39)^2=(-1)^2=1$、ケース B の偏差平方は $(30-39)^2=(-9)^2=81$ となり、これをケース J まで合計したものが偏差平方和となる。

このようにして求めた偏差平方和によって、先に求めた偏差積和を割ったものが回帰係数となる。その回帰係数が求められれば、それを式 13.4 にあてはめることで定数も簡単に算出することができる。

**練習問題**

【例題 13.1】**図表 13－4** の「平均からの偏差」の年齢の列を参考にしながら、年齢の偏差平方和（**図表 13－4** の（a)）を計算せよ。

【例題 13.2】例題 13.1 で求めた偏差平方和と**図表 13－4** にある偏差積和を式 13.3 に代入し、回帰係数を求めよ。次に、求めた回帰係数を用いて式 13.4 を使い、定数を計算せよ。

# 3. 回帰係数の検定

## （1）統計的検定の方法

回帰分析により推定される各係数について、それが母集団から抽出された標本データである場合には、抽出元である母集団における統計的（仮説）検定を行うことができる。その中でも特に回帰係数 $b$ の検定とは、母集団において独立変数の値による従属変数の変化があるかどうか、つまり独立変数が従属変数の変化に影響するかどうかを検定することを意味する。回帰係数の母数（$\beta$）に関する帰無仮説と対立仮説はそれぞれ次の通りとなる [5)]。

$H_0$：母集団における回帰係数 $\beta = 0$
$H_1$：母集団における回帰係数 $\beta \neq 0$

回帰係数は、従属変数の予測に対する独立変数の寄与を表し、それは統計的な「効果」と言う。したがって、これらの仮説の検定は、母集団における独立変数の「効果」の有無を検定することになる。

標本の回帰係数の標本分布は $t$ 分布に従うとされ、その分布における標本データの位置（$t$ 値）は、〔標本データにおける係数 $b$ − 帰無仮説における係数〕÷標準誤差によって求めることができる。この場合の標準誤差はやや複雑で、残差平方和（$SS_{ERROR}$）や独立変数 X の偏差平方和を用いて推定される。以上をまとめると、次の式 13.5 となる。

---

5) ここで回帰係数の母数は“$\beta$”（ベータ）と表記するが、6 章で出てきた「第二種の過誤」、15 章で説明される「標準化回帰係数」なども“$\beta$”と表記するので、それらを混同しないように気をつける必要がある。

$$t_{(df=n-k-1)}=\frac{b-\beta}{\mathrm{S.E.}(b)}=\frac{b-0}{\sqrt{\dfrac{SS_{ERROR}/(n-k-1)}{\sum(X_i-\overline{X})^2}}} \qquad (\text{式 }13.5)^{6)}$$

※ $k$：独立変数の数

なお、本講義では省略するが、定数 $a$ についても、同様に $t$ 分布を利用して、母集団においてそれが "0" であるか否かの検定を行うことができる。ただし、定数の検定のもつ実質的な意味は、回帰係数の検定ほど明確ではない。定数とは、独立変数が 0 のときの従属変数の予測値である。そのため、独立変数が 0 であること自体に意味がある場合を除けば、(たとえば勤続年数を X として個人年収などの予測する式の場合、勤め始めたばかり＝勤続年数 "0" 年も実質的意味を持ちうる)、定数が「"0" ではない」ことに意義が見出しにくいのである。このことから、回帰分析においては、回帰係数の検定のほうに重点が置かれることとなる。

### （2）適用例

先の架空データの例では、回帰係数 9.91、残差平方和 144191、ケース数 10、独立変数の数 1、そして X の偏差平方和 1116 だったので、

$$t_{(df=10-1-1)}=\frac{9.91-0}{\sqrt{\dfrac{144191/(10-1-1)}{1116}}}\fallingdotseq 2.466$$

となる。この場合の自由度は 10(ケース数) − 1(独立変数の数) − 1=8 であり、有意水準 5% で帰無仮説を棄却できる $t$ 分布の限界値(両側検定± 2.306)を上回っている。このことから、母集団において回帰係数は 0 で

6) 式 13.5 の右辺の分子が $b-0$ なのは、帰無仮説における $\beta$ が 0 となっているからである。そのため、任意の相関係数を帰無仮説とした検定も同じ式で可能である。

はなく、独立変数（年齢）が従属変数（年収額）に対して何らかの効果をもっていることが検証されたことになる[7]。

また、全国調査（2015 年 SSM 調査）データに基づく年齢と個人年収の回帰分析で、男女それぞれの回帰係数について検定を行った結果、

男性：回帰係数　7.911、標準誤差 0.898 → $t$=8.814
女性：回帰係数 − 0.297、標準誤差 0.573 → $t$= − 0.517

となった。標本サイズはそれぞれ十分に大きいので（男性 968、女性 1032）、自由度は∞として扱うと、帰無仮説を棄却できる $t$ 分布の限界値は ±1.960 である。以上より、女性の場合は、帰無仮説は棄却できず、年齢が個人年収に効果をもつとは言えない。これに対して男性の場合は、帰無仮説は棄却され、年齢が個人年収に効果をもつことが検証された。

**練習問題**

【例題 13.3】 確率抽出した標本でケース数が 12 のデータで回帰分析を行った結果、回帰係数が 10 であった。その残差平方和は 40000 であり、また X の偏差平方和が 1000 であった。その標本回帰係数について、$t$ 値を用いた統計的検定（両側検定で有意水準は 5%）を行い、有意かどうかを判断せよ（なお、自由度 10 の $t$ 分布表における両側検定で有意水準は 5%の限界値は 2.228 である）。

## 4. 基礎的な注意点

本章の最後に、回帰分析における注意点をいくつか挙げておこう。第一に、11 章で学んだ積率相関係数の場合と同様に、極端な値をもつ少

7) なお、こうした検定の他にも、標準誤差を用いて係数の信頼区間を推定によって、母集団における係数の真の値が存在する区間を確率的に推定するもできる。

数ケース（はずれ値）の影響を受けやすいので、その存在は慎重に確認しておく必要がある。また12章で学んだ層別相関の場合と同様に、性質が異なる集団を分割しないまま算出した回帰式については、適切な予測式とならない可能性が高い。

第二に、独立変数および従属変数の値の有効範囲について自覚的になる必要がある。たとえば先に示した、全国調査データに基づく女性を対象とした分析結果では定数が269.1であった。この点、有業者のみに対象を限定した分析の結果であるため、年齢“0”は分析の有効範囲に含まれていない。その点を忘れてしまうと、年齢が“0”歳でも250万円以上という比較的高い年収を得られるという非現実的な予測を行う危険がある。こうした危うさは定数だけとは限らない。このデータを得た調査は、20～79歳を対象としたもので、さらに回帰分析自体は60歳以下の有業者に対象を限定して行っている。そのため、そもそも調査対象外の属性をもつ人々（20歳未満など）や分析に含めなかった人々（61歳以上）、さらに無職や失業中などの非有業者に対しては、上記の回帰分析に基づく予測を行うことは妥当とは言えないだろう。

第三に、ここまで取り上げてきたのは、独立変数と従属変数との直線的な関連を前提とした、より正確には「線形」回帰分析と呼ばれるものである。しかし、回帰分析はこうした線形関連だけにとどまらない。従属変数の予測値が独立変数の二乗や対数といった関数で表されるような、曲線的な関連を扱う「非線形」回帰モデルまで拡張できる。「非線形」モデルにおいては回帰係数の解釈がやや複雑になるが、変数の分布などに応じて、それらを用いたほうが適切なデータも少なくない。そのため、同じ「回帰分析」といっても従属変数の性質や、独立変数と従属変数の関係がどのような形なのか、それらを考慮した上で最適な方法を用いる必要がある。

**復習のポイント**

1. 回帰分析とは何か。11 章で学んだ相関分析との違いは何か。
2. 最小二乗法とは何を最小にしようとしているのか。
3. 回帰係数の検定で用いる確率分布は何か。また回帰係数の検定で「有意である」とはどのような意味か。
4. 回帰分析を行う際に注意すべき基礎的な注意点は何か。

# 14　回帰分析(2)：回帰分析の応用

林　拓也

《**14 章の目標**》回帰分析の応用的な方法について学ぶ。離散変数を扱うときに、元にカテゴリーに0/1の値を割り当てるダミー変数、複数の独立変数を同時に扱う重回帰分析、そして回帰分析による予測がどの程度の精度をもつかを評価する決定係数について解説する。
《**キーワード**》ダミー変数、重回帰分析、決定係数

## 1. ダミー変数とは

### (1) 離散変数のダミー変数への変換

前章で紹介した回帰分析で扱う変数は、基本的に連続変数であることが前提である。他方で、実際の社会調査データには離散変数が含まれていることも多いが、それを用いて回帰分析で実行する場合には、離散変数を**ダミー変数**（dummy variable）に変換する。ダミー変数とは、ある特性があてはまる場合に "1" を、あてはまらない場合に "0" をそれぞれ付与した2値の変数のことを指す。たとえば男性／女性という2つのカテゴリーからなる性別は、「男性」に注目する場合は男性=1／女性=0という変換、あるいは「女性」に注目する場合は男性=0／女性=1という変換を行う。なお、ダミー変数において "0" と設定したカテゴリーは、比較の基準になることから**基準カテゴリー**（または参照カテゴリー reference category）と呼ばれる。回帰分析において、独立変数をダミー

変数に変換した上で分析を実行すると、ダミー変数にかかる回帰係数は、元の離散変数におけるカテゴリー間の平均の差を表すこととなる[1)]。

離散変数と連続変数との関連を確かめる手段として、離散変数のカテゴリーごとに連続変数の平均値を求めた上で比較する（7・8章参照）。たとえば**図表14－1**（左表）では、集団A/Bへの所属という離散変数と、1週間の労働時間という連続変数が、12例の架空データとして示してある（8章・**図表8－1**と同じ）。集団Aに所属する前半の6名において労働時間の平均は44、集団Bに所属する後半の6名におけるそれは52であり、後者の方が8時間長いことがわかる。

**図表14－1　所属集団と1週間の労働時間（架空データ *n*=12）**

| 集団 | 労働時間 | | | ➡ | 集団ダミー | 労働時間 |
|---|---|---|---|---|---|---|
| A | 39 | 集団A | 平均 44 |  | 1 | 39 |
| A | 41 | | 分散 14 |  | 1 | 41 |
| A | 43 | | |  | 1 | 43 |
| A | 45 | | |  | 1 | 45 |
| A | 47 | | |  | 1 | 47 |
| A | 49 | | |  | 1 | 49 |
| B | 47 | 集団B | 平均 52 |  | 0 | 47 |
| B | 49 | | 分散 14 |  | 0 | 49 |
| B | 51 | | |  | 0 | 51 |
| B | 53 | | |  | 0 | 53 |
| B | 55 | | |  | 0 | 55 |
| B | 57 | | |  | 0 | 57 |

ここからは、離散変数である「集団」をダミー変数として扱ってみよう。集団Aに所属する場合を“1”、集団Bに所属する場合を“0”とした上で

1) 従属変数をダミー変数に変換して分析を行う場合は、「ロジスティック回帰分析」が適用される。15章を参照。

(右表)、前章で行ったように回帰係数と定数を推定するための計算を行うと、以下の回帰式が得られる。

労働時間の予測値 $\hat{Y}=52-8\times$集団ダミー

定数である52は、独立変数である集団が0の値をとる場合、すなわち集団Bに属する場合の労働時間の予測値である。そして回帰係数である−8は、集団ダミーが1増加した場合の労働時間の変化、すなわち集団Bと比べた集団Aの労働時間の長短(Aの方が8時間短い)を表す。このように、ダミー変数によって得られた回帰係数は、"1"と設定した特性のカテゴリーが、"0"と設定したカテゴリーと比べて、従属変数の値が平均的にどの程度高い/低いかを表し、集団間の平均値の比較と同等のことを行っているのである[2)]。

**練習問題**

【例題14.1】自分自身の地位の高さを1(下)〜10(上)の段階で主観的に判断した「階層帰属意識」(5章2(2)参照)を従属変数とした回帰分析を行うとき、独立変数として回答者の最終学歴カテゴリーを設定する。学歴について、「大学卒以上」を1/「大学卒未満」を0というダミー変数に変換した上で分析を行った結果、以下の回帰式が得られた(有効標本サイズ$n$=1251)。この結果について解釈をせよ。

主観的地位評価の予測値 $\hat{Y}_i=4.323+0.916\times$学歴ダミー

### (2) ダミー変数の拡張

離散変数をダミー変数に変換する場合、そのダミー変数は「元の離散変数のカテゴリー数−1」個だけ作成する必要がある。先のように2カ

2) 0/1を逆にして、集団Aを"0"、集団Bを"1"とすると、定数44・回帰係数8となるが、結果の解釈は同じであることがわかる。

テゴリーの場合は、各カテゴリーに0/1を割り当てたダミー変数を1つだけ作成すれば良いが、元の離散変数が3つ以上のカテゴリーである場合は、少し複雑な0/1の割り当てを要する。たとえば最終学歴のカテゴリーが、「中学・高校」／「短大・高専（高等専門学校）」／「大学・大学院」であった場合、次のような2種類のダミー変数を作成する。

| | 元の離散変数カテゴリー | | |
|---|---|---|---|
| | 中学・高校 | 短大・高専 | 大学・大学院 |
| ダミー変数① | 0 | 1 | 0 |
| ダミー変数② | 0 | 0 | 1 |

0/1の割り当て方法は必ずしもこの通りでなくて構わないが、1つのダミー変数につき、いずれか1つのカテゴリーに“1”を割り当てるという規則である。そうすると、すべてのダミー変数にわたって“0”となるカテゴリーが1つ残ることになり（この場合は「中学・高校」)、それが平均を比較するときの対象である「基準カテゴリー」となる。この2つのダミー変数を独立変数と設定し、主観的地位評価を従属変数とした回帰分析を行った結果、以下の回帰式が得られた。

$$\hat{Y}_i = 4.201 + 0.417 \times \text{学歴ダミー①} + 1.038 \times \text{学歴ダミー②}$$

先に設定した0/1をこの回帰式のダミー変数の部分に代入して、元の離散変数における各カテゴリーの主観的地位評価を予測することができる。たとえば、学歴が「短大・高専」の場合は、ダミー①に“1”・ダミー②に“0”を代入して4.618、「大学・大学院」の場合は、ダミー①に“0”・ダミー②に“1”を代入して5.239、そして基準カテゴリーである「中学・高校」の場合はいずれのダミーも“0”なので4.201である。

ここからもわかるように、それぞれのダミー変数にかかる回帰係数は、1を割り当てたカテゴリーと基準カテゴリーとの平均の差を表すことになる。つまり、ダミー①にかかる回帰係数は「短大・高専」と「中学・高校」との差（4.618－4.201)、ダミー②のそれは「大学・大学院」と「中学・高校」との差（5.239－4.201）に相当するのである[3)]。

## 2. 重回帰分析：複数の独立変数による予測

### （1）重回帰分析の必要性

ある事象に影響するような要因が単一ではなく複数であることが想定される場合、回帰分析によってそれを検証する際には、複数の独立変数を設定する必要がある。たとえば先の例のように、自分の地位に関する主観的評価を従属変数とした予測を行う際に、それに影響するのは最終学歴だけではなく、収入や職業的地位といった他の要因も考えうる（**図表 14－2**)。このような場合、それぞれの独立変数をひとつずつ取り上げて、個別に回帰分析を行うことも可能であるが、それにより的確な予測がもたらされる保証はない。具体的に、大学卒以上の人の地位評価は、大学卒未満の人のそれよりも 0.916 高いと予測されるが（【例題 14.1】参照)、その差には他の要因の効果も混在している可能性がある。大学卒以上の方がそれ未満よりも収入が高かったり職業上の地位が高かったりする場合、そうした要素が区別されないまま「学歴の効果」に含まれており、0.916 という回帰係数を純粋に学歴による差として解釈することはできないのである。

3) ダミー変数の値の割り当て方法として、ほかにも有効な方法がいくつかある。三輪哲・林雄亮『SPSS による応用多変量解析』：p.108～112 などを参照。

**図表 14－2　主観的地位評価を予測する際の複数の独立変数（例）**

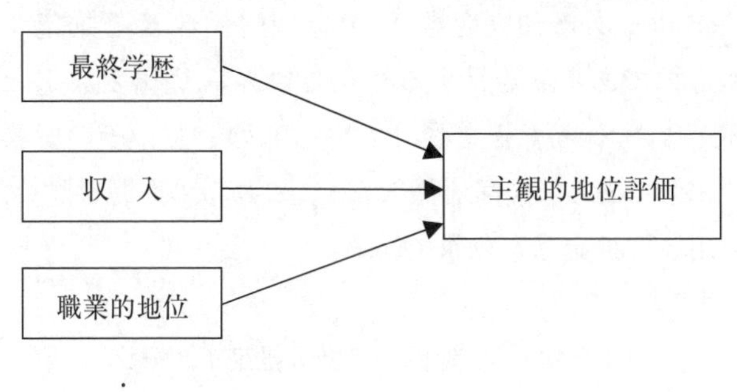


これに対処するには、クロス表分析において第 3 変数を導入したように（10 章）、他の変数の影響を切り離した（統制した）上で、着目する変数の効果を推定する必要がある。回帰分析の場合、その手段として、想定されうる複数の要因を同時に独立変数と設定した回帰式を立てて、係数の推定が行われる。その場合の回帰式は、次のように表すことができる。

$$\hat{Y}_i = a + b_1 X_{1i} + b_2 X_{2i} + \ldots + b_k X_{ki} \quad (\text{式 } 14.1)$$

独立変数がひとつの場合の回帰分析と異なるのは、複数の独立変数 $X_1, X_2, \ldots, X_k$ それぞれについて、回帰係数 $b_1, b_2, \ldots, b_k$ が推定されている点であり、これらを**偏回帰係数**（partial regression coefficient）と言う。このような複数の独立変数の線形結合から従属変数 $Y$ を予測する回帰分析を、**重回帰分析**（multiple regression analysis）と呼ぶ[4]。

4）独立変数がひとつの場合の回帰分析のことを、これと区別して「単回帰分析」と呼ぶこともある。

### （2）係数の推定と解釈

**図表 14－3** は、ある独立変数 $X_1$ の偏回帰係数 $b_1$ を推定するイメージを表したものである。着目する独立変数 $X_1$・従属変数 $Y$ ともに、他の独立変数（$X_k$）から影響を受けているものとし、その影響の部分を濃く塗りつぶしてある。偏回帰係数 $b_1$ は、これらの影響を除いた部分（白色）のみを用いて推定した効果である。

**図表 14－3　偏回帰係数の推定イメージ**

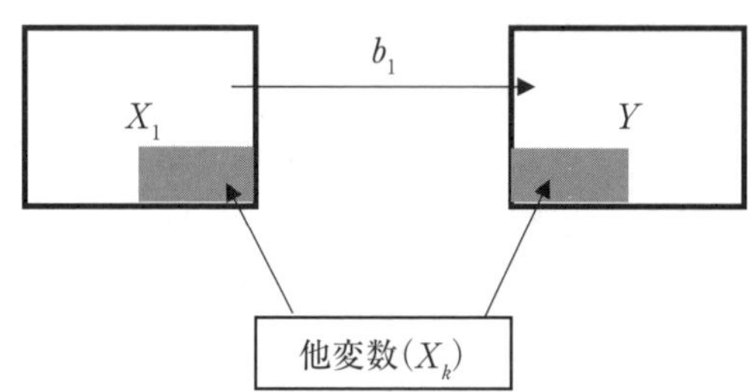


たとえば、【例題 14.1】で扱った従属変数「主観的地位評価」を予測するのに、「最終学歴」のほかに「収入」を独立変数として追加し、その影響を除外しつつ学歴の偏回帰係数を推定する場合を考える。図の白色部分に相当するのは、共通の変数（収入）を用いて予測された回帰分析における「残差」である（13 章参照）。つまり、最終学歴の中で収入と関連する部分が $X_1$ の塗りつぶされた部分、主観的地位評価の中で収入と関連する部分が $Y$ の塗りつぶされた部分であり、それらを除いて、$X_1$ 残差から $Y$ 残差を予測する回帰分析から偏回帰係数 $b_1$ が得られる。同じように、最終学歴の効果を除外した場合の収入の偏回帰係数も、図中 $X_1$ を収入とみなした上で推定する。具体的な計算方法について詳しくは、本章末【コラム 9】参照されたい。

実際に、主観的地位評価を従属変数とした重回帰分析において、最終学歴（大学卒未満／大学卒以上）と世帯年収額（単位：100 万円）[5] を独立変数とすると、次の回帰式が得られた（有効標本サイズ $n$=1251）。

$$\hat{Y}_i=3.638+0.610\times\text{学歴ダミー}+0.131\times\text{世帯年収}$$

係数の基本的な解釈は、単回帰分析の場合とほぼ同様である。定数（$a$）は、すべての独立変数が "0" のときの従属変数の予測値である。この例では、学歴と世帯年収が "0"（すなわち大学卒未満かつ年収 0 百万円）の場合、主観的地位評価は 3.638 と予測される。

そして、それぞれの独立変数について推定される偏回帰係数は、「他の独立変数の値が一定（同じ）である」という条件のもとで、ある独立変数の値が 1 増加するごとに従属変数の予測値がどのように変化するかを表す。たとえば学歴の偏回帰係数からは、*世帯年収が同じであるならば*、大学卒未満に比べて大学卒以上の方が、主観的地位評価の平均が 0.610 高いと予測される。世帯年収の偏回帰係数についても同様の解釈で、*学歴が同じであるならば*、年収が 100 万円増加するごとに主観的地位評価が 0.131 ずつ上昇すると予測される。

### （3）留意事項

複数の独立変数を同時に回帰式に含めるときに留意すべきは、独立変数間の関連がきわめて強いというケースである。この関連の強さは**多重共線性**（multi-collinearity）と呼ばれ、それらの変数にかかる回帰係数の推定値が不安定になる（標準誤差が大きくなる）という問題が生じる。したがって、重回帰分析を実行するときには、あらかじめ独立変数間の相関の高さを確認しておき、相関が非常に高い（相関係数の絶対値が 0.7 を超えるなど）独立変数のペアが見られた場合、それらのうち一方を分

---

5）収入の分布は歪んでいる（低収入に偏っている）ことから、その分布を正規分布に近づけるために対数値に変換した上で分析に用いることが多い。ただし、本講義では解釈の容易さを重視して変換せずに用いる。

析から除外したり、両変数を合成して新たな1つの変数として分析に投入するといった対処をとると良い。

## 3. 決定係数：回帰分析による予測の精度

重回帰分析で複数の独立変数を同時に含めることは、それぞれの独立変数の純粋な効果を推定するだけでなく、従属変数の値を予測するときの誤差である「残差」を減らすことができるという利点もある。このとき、残差がどの程度減少したかを表す指標として用いられるのが**決定係数**（coefficient of determination：“$R^2$” と表記）である。その値は0から1（0%～100%）の範囲をとり、$R^2$=1の場合は独立変数によって従属変数の値を完全に予測されること（残差0）を表す。一方、$R^2$=0の場合は残差がまったく減らないこと、言い換えると、独立変数が予測にまったく役立たないことを表す。

その計算方法は、分散分析で行う平方和の分解と同じである（8章参照）。まず、従属変数の値について全体平均からの偏差二乗和を求め、これを**全平方和**（$SS_{TOTAL}$）とする。次に（重）回帰分析を実行し、回帰式に基づく予測値を計算する。その予測値と実測値との差（残差）の二乗の合計を計算し、これを**残差平方和**（residual sum of squares：“$SS_{ERROR}$” と表記）とする。上記の両平方和の差分は、（重）回帰分析によってもたらされた予測誤差の減少分であり、これを**回帰平方和**（regression sum of squares：“$SS_{REGRESSION}$” と表記）とする。決定係数は、これらの平方和に基づいて以下の式14.2から求められ、独立変数を含めた回帰推定による予測誤差が、独立変数を含めない場合の当初の誤差から何%減少したかを表す[6)]。

---

6) 決定係数の統計的検定では、母集団における決定係数$\rho^2$（ロー二乗）が0でないかどうかを確かめるために、8章で紹介した$F$検定を行う。

$$R^2 = \frac{SS_{REGRESSION}}{SS_{TOTAL}} = \frac{SS_{TOTAL} - SS_{ERROR}}{SS_{TOTAL}} \quad (式 14.2)$$

たとえば、主観的地位評価（従属変数）を予測するための独立変数として、大学卒以上／大学卒未満という学歴ダミーを設定した【例題 14.1】の回帰式では、全平方和=3136.014、残差平方和=2942.146 であったので、回帰平方和は 193.868、決定係数は 0.062 と計算される。この場合、主観的地位評価の値が、2 カテゴリーの学歴から予測した回帰分析により 6.2％だけ説明されることを表す（**図表 14－4**・回帰式 1）。

**図表 14－4　各回帰式における平方和と決定係数**

| | 回帰式 1 | 回帰式 2 | 回帰式 3 |
|---|---|---|---|
| 独立変数 | 学歴ダミー | 学歴ダミー①<br>学歴ダミー② | 学歴ダミー①<br>学歴ダミー②<br>世帯年収 |
| 全平方和 | 3136.014 | 3136.014 | 3136.014 |
| 残差平方和 | 2942.146 | 2908.142 | 2600.835 |
| 回帰平方和 | 193.868 | （　　　） | （　　　） |
| 決定係数 | 0.062 | （　　　） | （　　　） |

※回帰式 2・3 の学歴ダミー①・②については、本章 1（2）「ダミー変数の拡張」を参照。

**練習問題**

【例題 14.2】**図表 14－4** の回帰式 2 と回帰式 3 それぞれについて決定係数を計算せよ。

なお、決定係数は独立変数の数を増やせば上昇するという性質をもつので、複数の回帰式（分析モデル）を比較するときには、変数の数を含む自由度の影響を考慮に入れた「調整済み決定係数（adjusted $R^2$）」を示すことも多い。この係数について詳しくは、他の参考書（岩井紀子・保田時男『調査データの分析——JGSSデータとオンライン集計の活用』: p.215など）を参照されたい。

**復習のポイント**

1. ダミー変数とは何か。そして、ダミー変数を用いた回帰分析により得られた結果をどのように解釈するか。
2. 重回帰分析はどのような場合に必要であるか。そして、その分析結果をどのように解釈するか。
3. 決定係数とは何を表す統計量か。また、それはどのように計算されるか。

## 参考文献

岩井紀子・保田時男『調査データの分析——JGSSデータとオンライン集計の活用』（有斐閣、2007年）
岡太彬訓『データ分析のための線形代数』（共立出版、2008年）
三輪哲・林雄亮『SPSSによる応用多変量解析』（オーム社、2014年）

### 【コラム9】行列を利用した回帰推定

まず、従属変数 $y$ と独立変数 $x_k$ のデータ、および推定対象の係数を行列形式で表すと次のようになる。

$$\boldsymbol{y}=\begin{bmatrix} y_1 \\ y_2 \\ \vdots \\ y_n \end{bmatrix} \quad \boldsymbol{X}=\begin{bmatrix} 1 & x_{11} & \cdots & x_{k1} \\ 1 & x_{12} & \cdots & x_{k2} \\ \vdots & \vdots & \cdots & \vdots \\ 1 & x_{1n} & \cdots & x_{kn} \end{bmatrix} \quad \boldsymbol{b}=\begin{bmatrix} a \\ b_1 \\ \vdots \\ b_k \end{bmatrix}$$

$\boldsymbol{y}$ と $\boldsymbol{X}$ における［　］の縦方向には1番目の個体から $n$ 番目の個体までのデータが並ぶ。たとえば $y_1$ は、従属変数 $y$ について1番目の個体の値であることを示す。行列 $\boldsymbol{X}$ の第1列では全個体について定数である“1”を、第2列以降では1番目の独立変数 $x_1$ から $k$ 番目の独立変数 $x_k$ について各個体の値を示す。列ベクトル $\boldsymbol{b}$ では、推定対象となる定数 $a$ と回帰係数 $b_k$ が並ぶ。

最小二乗法の原理である、残差の平方和が最小となる列ベクトル $\boldsymbol{b}$ の推定値は、以下から導出される。

$$\hat{\boldsymbol{b}}=(\boldsymbol{X}'\boldsymbol{X})^{-1}\boldsymbol{X}'\boldsymbol{y}$$

$\boldsymbol{X}'$ は $\boldsymbol{X}$ の「転置行列」と言い、行と列の要素を入れ替えたものである。また、$\boldsymbol{X}^{-1}$ は $\boldsymbol{X}$ の「逆行列」と言い、元の行列との積を求めると単位行列（対角要素が“1”、非対角要素が“0”となる行列）が得られるものである。

本章2（2）で設定した2つの独立変数（学歴ダミーと世帯年収）を含むデータで計算すると、以下の推定値が得られる。

$$\hat{\boldsymbol{b}}=\begin{bmatrix} 3.638 \\ 0.610 \\ 0.131 \end{bmatrix}$$

この列ベクトルの要素は上から順に、定数3.638、学歴にかかる偏回帰係数0.610、世帯年収にかかる偏回帰係数0.131に相当する。

行列およびそれを用いた計算について、詳しくは線形代数を扱う数学・統計学のテキスト（岡太彬訓『データ分析のための線形代数』など）を参照されたい。

# 15 講義のまとめと発展学習

林　拓也

**《15章の目標》**これまでの学習内容をまとめつつ、社会調査データに基づき、どのような手順で分析をすすめていくかについて検討を加える。また、さらなる発展的な学習にあたって、いくつかの多変量解析の手法を紹介する。
**《キーワード》**計量社会学、多変量解析

## 1. 本講義のまとめ

### (1) 基礎集計と調査の吟味

本書の第1章で述べたように、統計分析とは、膨大なデータの中から必要な情報を圧縮して、第三者に提示・伝達するためのひとつの有効な手段である。まずその第一歩として、ある変数に関する度数分布（2章）、およびその分布状態を表わす代表値や散布度といった統計量（3章）を紹介した。これらによって、ある社会や集団に関する基礎的・要約的なデータを示すことができ、現実社会においてもこうしたデータはさまざまな形で私たちに提供されている。たとえば、しばしばメディアを通じて報道される「○○率」や「平均○○」は、相対度数や代表値（平均値）を指標として、調査対象の集団の状態を概観することを目的としている。こうした結果を見るにあたっては、いくつかの点を考慮しなければならない。まず第一に、データが得られた社会調査そのものについてである。少数の統計量（比率など）で端的に表される調査結果は、非常に効率的ではあるが、その結果だけを見るにとどまり、元のデータがどのような

調査によって得られたかを吟味しないと、社会の状態を見誤ってしまうことも起こりうる。その吟味については主として、①調査対象者（標本）が集団全体（母集団）の縮図となっているか（「**標本代表性**」と言う）、②質問方法が真の回答を導くのに適切な設計となっているか、という観点から行われる。①については、4 章で触れたように標本抽出（サンプリング）という手続きによって対象者が抽出される。その際には、母集団のメンバー全員が標本として抽出される確率が等しいという条件で行われる**無作為抽出法**（ランダム・サンプリング）が最も望ましい。5 章・6 章（およびそれ以降）で展開した統計的推定および検定の手続きは、この条件を満たしたデータであることが前提となっていることも重要である。逆に、この条件から著しく逸脱した抽出方法、たとえば街の通行人や自分の知り合いを対象者とした調査は、母集団を代表した標本のデータと考えることはできない[1)]。

また、たとえ無作為に対象者を抽出した場合でも、実際の調査においては、その全員から回答を得られるとは限らず、調査拒否や対象者不在などの理由により、データが一部の回答者に限定されてしまう事態が頻出する。多くの調査における傾向として、若年・男性・単身世帯の対象者は有効回収率が低いことが指摘されており、得られたデータは、母集団の中でも中高年・女性・家族との同居者に偏りやすい。したがって、調査データにおける回答者の特性（年齢・性別・世帯構成など）の分布と、母集団における人々の特性の分布を比較し、それらが大きく異なっていないか（偏っていないか）をチェックしていることも、ある調査を吟味する際の情報として重要である。

②の質問方法の設計について、具体的には調査票を構成する各問の質問文や回答選択肢、質問の順序などが重要な要素となってくる。具体的に、ステレオタイプの表現を使うことにより、それに付随した特定の価

---

1) こうした方法でしか調査対象者を得られない場合があるので、まったく無意味というわけではない。ただ、母集団は何であるのかが不明確であったり、明確化してもその代表性が確保できないという点には意識的でありたい。

値判断が誘発されたり（たとえば「天下り」は、否定的な価値を多く含んだ表現）、ある特定の回答に結びつきやすい誘導的な質問になっているなど、調査において提示する文の表現（「ワーディング」と言う）の吟味が必要となってくる。また、回答選択肢の設定についても、選択肢の数・表現・提示順序などによって結果が異なってくることや（岩井・杉田「JGSS 調査票の測定尺度と選択肢」）、前の質問によって後の質問の回答が影響を受けるという「キャリーオーバー効果」、調査員の有無（面接で回答を伝えるか、調査票に自分で記入するか）による回答傾向の違いなどもよく指摘される。いずれにしろ、集計結果だけでなく、調査に用いられた質問文・回答選択肢をよく確認しておく必要がある。

### （2）比較の視点と変数間の関連分析

結果を見るにあたっての考慮すべき第二の点は、比較の視点をもつことである。たとえば「賛成率が 40%」という結果が得られたとしても、先に論じたように調査そのものによる影響も考えらるため、この結果だけから賛成意見が少ないと結論づけることが適切とは限らない。その際には、何と比べて賛成率が高い／低いのかという基準を明確にしておく方がより説得力をもつ。仮に 10 年前の同じ調査では 70%であったとすると、賛成率の低下は明らかであろう。あるいは、同一の調査データにおいても、男性／女性で賛成率の違いはどの程度であったか、年齢や地域などによる違いは見られたかなど、異なる集団や属性間での比較を行う。重要なのは、同じ条件・同じ質問形式によって調査が行われた回答者の中で、その回答者に関する何らかの異なる特性（時代・性・年齢など）によって、結果がどのように異なるかを明らかにするということである。データ分析の観点から言い換えると、変数間の関連分析によってこうした比較が行われる。

**図表15－1**は、本講義で取り上げた関連分析を、変数の種類ごとに一覧としてまとめたものである[2)]。

**図表15－1 本講義で取り上げた変数間の関連分析**

| 扱う変数 | 分析法・係数 |
|---|---|
| 離散変数－離散変数 | クロス集計表〔9章〕<br>離散変数の関連係数〔10章〕<br>多重クロス集計表（第3変数の影響を統制）〔10章〕 |
| 離散変数－連続変数 | 2グループ間の平均の差の検定（$Z$検定、$t$検定）〔7章〕<br>分散分析（$F$検定）、相関比〔8章〕 |
| 連続変数－連続変数 | 積率相関係数、順位相関係数〔11章〕<br>層別相関（第3変数の影響を統制）〔12章〕<br>偏相関係数（第3変数の影響を統制）〔12章〕<br>回帰分析（独立変数から従属変数を予測）〔13～14章〕 |

最も良く利用されるのが、9章で紹介した、離散変数同士の関連を見るクロス集計分析である。先の例では、属性（例. 男性／女性）と賛否（賛成／反対）という2変数のクロス集計から、前者に関する比較が可能となる。また、しばしばメディアを通じて報道される世論調査などにおいても、こうした分析に基づいて属性別の回答比率の違いが示されることがある。

年齢や労働時間・収入額などの連続変数を扱う場合に、それらを何らかのグループとしてまとめた上で（例. 〔20歳, 21歳, ... 29歳〕→20代）、クロス集計分析を行うこともできるが、そうすると元の情報の一部が失われることにもなるため、連続的な尺度としてそのまま扱う別の分析方法を利用することも有効である。2変数のうち一方が離散変数の場合は、そのグループ区分に基づいて、もう一方の連続変数の平均値を比較し、

2) 1章の注6で触れたように、統計的検定は関連が大きいことを意味するわけではないので、その大きさを表す効果量（effect size）としての係数もあわせて示すと良い。具体的に、相関比・相関係数・クラメールの連関係数・決定係数など、特定の定められた範囲（0～1、－1～1など）に調整された統計量がこれに相当する。

その平均値の差の検定を行う（7〜8章）。2変数いずれも連続変数の場合は、関連の強さを表す相関係数（11章）を求めたり、一方の変数から他方の変数を予測するための回帰分析（13章）を行う。

ただし、現実には複雑な様相をもつ社会現象や人々の行動・意識を扱う際に、分析に必要とされるのが2変数を超えることも少なくない。3変数以上の関連をみる場合は、第3変数を「統制」した分析を行う。具体的に、離散変数同士の関連の場合は多重クロス集計分析（10章）、連続変数同士の関連の場合は層別相関・偏相関係数（12章）や重回帰分析（14章）がその方法に相当する。いずれの分析も、ある特性をもつ回答者と別の特性をもつ回答者を比較する視点を展開させたものである。

## 2. 回帰分析の応用と展開

### （1）分析結果のまとめ方

ある事象に着目し、それに影響する多様な要因を分析するのに最も有効な手法として数多く利用されるのが回帰分析（あるいは重回帰分析）である。本講義では13〜14章でその基礎となる考え方や方法を学習したが、研究論文などにおいては、**図表15-2**のような形で分析結果を示すことが多い。

従属変数は前章でも扱った主観的地位評価（10段階）であり、独立変数として設定したのは、分析モデル1では最終学歴を累積年数に換算した「教育年数」（換算方法については8章参照）のみ、分析モデル2ではさらに職業的地位の高さを数量で表した「職業威信スコア」[3]と、「収入」も加えた。表中「*b*」の列には定数および独立変数にかかる（偏）回帰係数を示してある（14章参照）。それぞれについて、統計的

3）社会の人びとのからの評価の高さに基づいて、各職業に0〜100のスコアを付与した尺度。Ganzeboom, H. B. G. と Treiman, D. J. による国際標準職業威信尺度（SIOPS）のスコアを用いた（http://www.harryganzeboom.nl/isco08/index.htm）。

図表 15－2　主観的地位評価を従属変数とした回帰分析の結果

| | モデル 1 | | | | モデル 2 | | | |
|---|---|---|---|---|---|---|---|---|
| | *b* | *S.E.* | *t* 値 | *β* | *b* | *S.E.* | *t* 値 | *β* |
| 定数 | 1.882 | 0.346 | 5.439* | | 2.226 | 0.328 | 6.789* | |
| 教育年数 | 0.200 | 0.026 | 7.844* | 0.270 | 0.088 | 0.026 | 3.354* | 0.118 |
| 職業的地位（威信スコア） | —— | —— | —— | —— | 0.015 | 0.004 | 3.822* | 0.138 |
| 収入（単位：100 万円） | —— | —— | —— | —— | 0.153 | 0.017 | 8.841* | 0.312 |
| $R^2$ | 0.073 | | | | 0.199 | | | |
| *F* 比 | 61.535* | | | | 64.740* | | | |
| Adjusted $R^2$ | 0.072 | | | | 0.196 | | | |

*b* 定数または回帰係数、*S.E.* 標準誤差、*β* 標準化回帰係数
$R^2$ 決定係数、Adjusted $R^2$ 調整済み決定係数
*5%水準で有意
出典）ISSP-2019 年（社会的不平等）データに基づき作成。この分析では、有職者のみを対象として、収入は回答者個人の収入額を用いている（*n*=787）。

検定を行った結果は「*t* 値」およびアステリスク（*）で示し、すべての独立変数が有意な効果である（母集団において回帰係数が 0 でない）ことが検証された。また表中「*β*（ベータ）」は、**標準化回帰係数**（standardized regression coefficient）のことを指す[4)]。これは、分析に使用する変数すべてを標準得点（*z* 得点→3 章参照）に変換した上で推定された回帰係数に相当し、複数の独立変数の効果の大きさを比較するのに役立つ。この例で言えば、従属変数である主観的地位評価に対する、教育年数・職業的地位・収入の 3 つの独立変数の効果を比較することができ、モデル 2 の結果によると、これらの中では収入の効果（*β*=0.312）が最も大きいことがわかる。

表の下段には、それぞれのモデルの決定係数 $R^2$ を示しており（14 章参照）、3 つの独立変数を用いたモデル 2 の方が、従属変数の値をより高い精度で予測している（調整済み決定係数 Adjusuted $R^2$ も同様）。

4）13 章で扱った、母集団における回帰係数（母数）も“*β*”と表記したので、これと混同しないように留意されたい。

また、「$F$比」は決定係数の検定に用いられる検定統計量であり、$F$検定(8章参照)により有意である(母集団における決定係数$\rho^2$が0でない)ことが検証された。

### (2) さまざまな「回帰分析」

回帰分析は基本的に変数の値が数量で表される連続変数を扱う手法であるが、14章で見たように、離散変数であってもダミー変数に変換すればそれを独立変数として投入することが可能であった。ただし、従属変数が離散変数である場合は、ダミー変数に変換しただけで「線形」の回帰分析を行うのは適切ではない。**図表15－3**に示すように、従属変数の種類に対応した**ロジスティック回帰分析**（logistic regression analysis）という手法を適用すると良い。

ロジスティック回帰分析を行うことによって、たとえば仕事に従事する形態が正規雇用／非正規雇用という2カテゴリーを従属変数とし、それに影響することが予想される独立変数（性別、学歴など）の効果を推定することができる。また、カテゴリーの間に順序づけが可能である従属変数、たとえばある意見に対する賛否の程度（賛成／やや賛成／やや反対／反対など）に注目し、その要因として想定される独立変数の効果を推定するには、順序ロジスティック回帰分析が有効である。

**図表15－3　従属変数の種類に対応した回帰分析**

| 従属変数 | 分析法 |
|---|---|
| 連続変数 | 線形回帰分析 |
| 順序づけ不能な離散変数 | |
| 　(2カテゴリー) | 二項ロジスティック回帰分析 |
| 　(3カテゴリー以上) | 多項ロジスティック回帰分析 |
| 順序づけ可能な離散変数 | 順序ロジスティック回帰分析 |

# 3. 多変量解析への誘い

## （1）データの特質に応じた分析法

重回帰分析のように3つ以上の変数・対象を扱う分析手法は、その総称として**多変量解析**（multivariate analysis）と呼ばれる。ここでは、社会統計学で良く利用される手法をいくつか紹介しよう。回帰分析と同じように、独立変数から従属変数を予測する形の手法の中で、データの特質に対応したバージョンとも言えるものがある。

第一に、変数間の関連が因果関係（9章の【コラム7】参照）であることを想定しつつ、原因と結果の連鎖を経路モデルとして表す**パス解析**（path analysis）が挙げられる。社会学における不平等の研究（階層研究）では、親の地位がいかなる要因を経由してその子どもの地位に影響するか、またそれぞれの影響の大きさはどのくらいであるかについて、実証的な検討がすすめられてきた（佐藤2008、p.58など）。また**図表15－4**は、主観的地位評価に至る要因の影響経路を分析した結果である。先に示したように、教育年数や職業的地位は主観的地位評価に直接的に影響する（**図表15－2**参照）だけではなく、教育→職業→収入という経路を介して間接的にも影響することがわかる。

**図表15－4　主観的地位評価に関するパス解析**

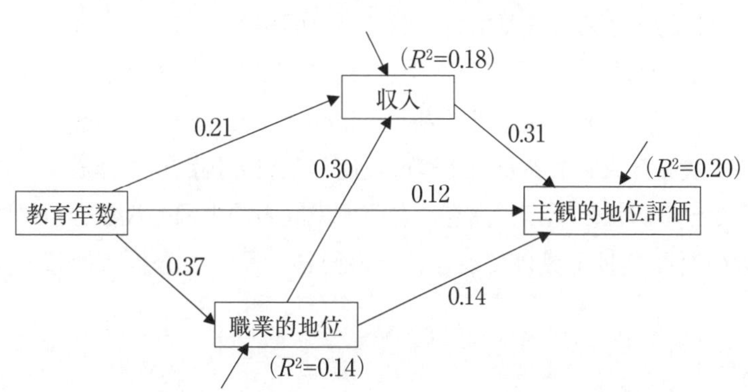


出典）図表15－2と同じ

第二に、従属変数として特定の出来事の発生、たとえば結婚・離婚、出産、死亡、転職・退職、居住地移動などライフコースに関わる変数に着目する場合の分析法で、**イベントヒストリー分析**（event history analysis）が挙げられる。これらの出来事（「イベント」と呼ばれる）の変数には、発生／未発生というデータと、発生までの経過時間というデータの２種類が含まれていることを考慮し、特定時点ごと（あるいは一定期間ごと）のイベント発生率を扱いつつ、さらにそれに影響する要因を独立変数として投入した分析が展開される。

第三に、利用するデータの構造が、個体レベル／個体が属する集合レベルのように階層性を成している場合の分析法で、**マルチレベル分析**（multilevel analysis）が挙げられる。たとえば、生徒（個体レベル）と生徒が所属する学校（集合レベル）からなるデータを用いて、生徒の進学意欲（個体レベル変数）を従属変数とする回帰分析を行うとする。このとき、従属変数と同じレベルの独立変数として学業成績や性別などを投入するだけでなく、集合レベルの変数である「学校」の特性変数（進学率や男女比など）も加えることが可能となるのが大きな利点である。

### （2）関連構造を明らかにする分析法

以上に挙げたような分析とは異なる観点から、独立変数と従属変数を区別せずに、変数間の関連がどのような構造となっているのかを探索することを目的とする多変量解析も数多い（**図表 15－5**）。

連続変数間の関連を扱う分析手法は、変数間の共分散や相関係数に基づいて計算される。**主成分分析**（principal component analysis）は、複数の変数を合成して新たな１つの尺度（主成分得点）を作成することを目的とする。たとえば、調査において家庭内の夫婦の役割分担に関する複数の質問項目を設けておき、その回答データの分析を通して「性別役割分業」得点を構成する例がある。**因子分析**（factor analysis）は、複数の連続変数の関連（相関）に潜在していると考えられる重要な因子を抽出することを目的とする。

**図表 15－5　関連構造を扱う分析法**

| 扱う変数 | 分析法（主眼とする結果） |
|---|---|
| 連続変数 | 主成分分析（変数の合成）<br>因子分析（潜在因子の抽出） |
| 離散変数 | 対数線形モデル（変数の関連パターン）<br>対応分析（カテゴリーの近接･距離を表す多次元空間）<br>潜在クラス分析（潜在グループの抽出） |
| 対象間距離 | クラスター分析（対象のグループ化）<br>多次元尺度構成法（近接・距離を表す多次元空間） |

離散変数間の関連を扱う分析手法は、クロス集計分析を発展させた方法と言える。**対数線形モデル**（log-linear model）は、離散変数間の関連パターンを明らかにすることを目的とする。たとえば、ある個人が就いた職業 $D$ とその親の職業 $O$ との関連（$OD$）、時代 $T$ とそれぞれの職業の関連（$DT, OT$）、さらに親子間の職業関連が時代によって異なるかどうか（$ODT$）などについていくつかのモデルを立て、それらのうちどれが実データに適合するかを検討する研究が行われる。**対応分析**（correspondence analysis）は、変数を構成するカテゴリー間の近接性または距離を、多次元空間上の配置として表現することを目的とする。人びとの社会経済的地位（職業・学歴など）と生活様式（文化活動や消費行動）を表す変数に基づいて、不平等を構成する「資本」の種類と量を 2 次元の座標空間に表した P. ブルデューの分析例が良く知られている（ブルデュー『ディスタンクシオン I』）。**潜在クラス分析**（latent class analysis）は、先述の（連続変数を扱う）因子分析と共通した発想のもと、離散変数間の関連に潜在していると考えられるグループを抽出することを目的とする。

そのほかに、対象間の距離がデータとして得られている場合に用いられる分析法として、**クラスター分析**（cluster analysis）や**多次元尺度構成法**（multi-dimensional scaling: MDS）もある。

以上で紹介したさまざまな種類の回帰分析や多変量解析については、巻末に掲載した「推奨参考書」で学習することができる。

### （3）分析用ソフトウェア

多変量解析を実行するためには、電卓などの手計算ではなく、コンピュータ上で専用ソフトウェアを利用するのが一般的である。たとえば、マイクロソフト社の表計算ソフト「Excel」では、関数や「分析ツール」を使うことにより、基礎的な分析や重回帰分析を実行することができる（林・石田『基礎から学ぶ社会調査と計量分析』）。その他の多変量解析を行う場合も、Excel上の応用操作で計算することが可能であるが、初学者が行うには操作が難しいかもしれない。そのときには、統計分析用パッケージのソフトウェアを利用すると良い。具体的に、主要な市販ソフトウェアとしては、「SPSS」（IBM社）、「SAS」（SAS社）、「Stata」（ライトストーン社）などがある。

ただし、これらの市販ソフトは個人で購入するには高額であるので、廉価版の学生用ライセンスを購入するか、無料で利用できる別のソフトウェアを利用する道もある。後者については、研究者有志によって開発・公開されているフリーソフトウェアとして、「R」（R Core Team、Webサイト https://www.r-project.org/）[5]や「HAD」（清水裕士〔関西学院大学〕、Webサイト https://norimune.net/had）などが挙げられる。

---

5）また、Rを使って統計分析を行うためのテキストも多く出版されている（永吉『行動科学の統計学』、杉野『入門・社会統計学』など）

## 参考文献

岩井紀子・杉田陽出「JGSS 調査票の測定尺度と選択肢」、谷岡一郎・仁田道夫・岩井紀子編『日本人の意識と行動』（東京大学出版会、2008 年：447-458）
杉野勇『入門・社会統計学――2 ステップで基礎から〔R で〕学ぶ』（法律文化社、2017 年）
永吉希久子『行動科学の統計学―社会調査のデータ分析―』（共立出版、2016 年）
林雄亮・石田賢示『基礎から学ぶ社会調査と計量分析』（北樹出版、2017 年）
佐藤嘉倫「機会の不平等」、原純輔・佐藤嘉倫・大渕憲一編『社会階層と不平等』（放送大学教育振興会、2008 年）：51-69
ブルデュー, P.（石井洋二郎訳）『ディスタンクシオン I ――社会的判断力批判』（藤原書店、1990 年）

## 練習問題の解答

【例題 2.1】

1）順序づけ不能な離散変数、2）連続変数、

3）順序づけ可能な離散変数、4）順序づけ可能な離散変数

【例題 2.2】

子どもにあたってしまう頻度の度数分布表

| | 度数 | 百分率（%） |
|---|---|---|
| まったくなかった | 94 | 32.0 |
| ごくまれにあった | 117 | 39.8 |
| ときどきあった | 65 | 22.1 |
| なんどもあった | 18 | 6.1 |
| 合計 | 294 | 100 |

「子どもにあたってしまう」頻度は、「ごくまれにあった」が一番多く、次いで、「まったくなかった」になっており、この二つで70%を超える。「育児から解放されたい」頻度に比べると、ない、もしくは、まれと答える人が多い。やはり、「解放されたい」と思ったとしても「子どもにあたる」ことはあまりないようだ。

【例題 2.3】

**ヒストグラム**

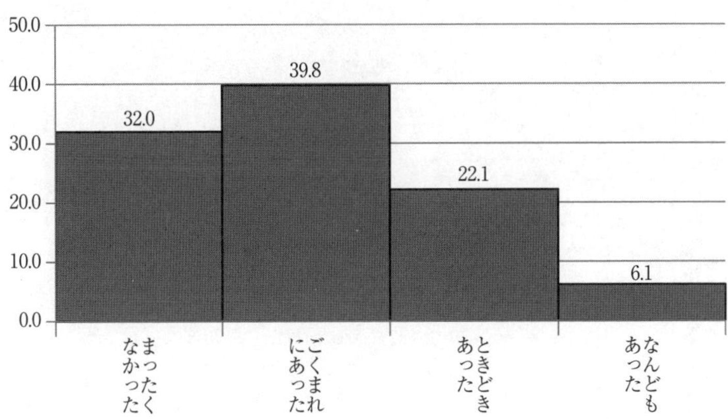


**度数多角形**

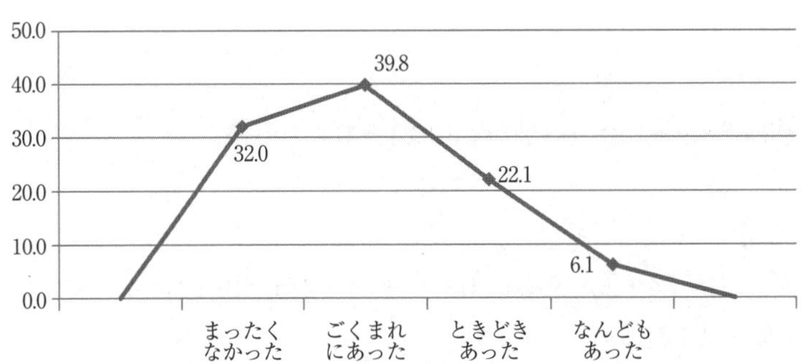


**累積度数分布表**

| | 度数 | 累積度数 | 百分率 | 累積百分率 |
|---|---|---|---|---|
| まったくなかった | 94 | 94 | 32.0 | 32.0 |
| ごくまれにあった | 117 | 211 | 39.8 | 71.8 |
| ときどきあった | 65 | 276 | 22.1 | 93.9 |
| なんどもあった | 18 | 294 | 6.1 | 100 |
| 合計 | 294 | | 100 | |

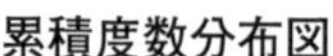


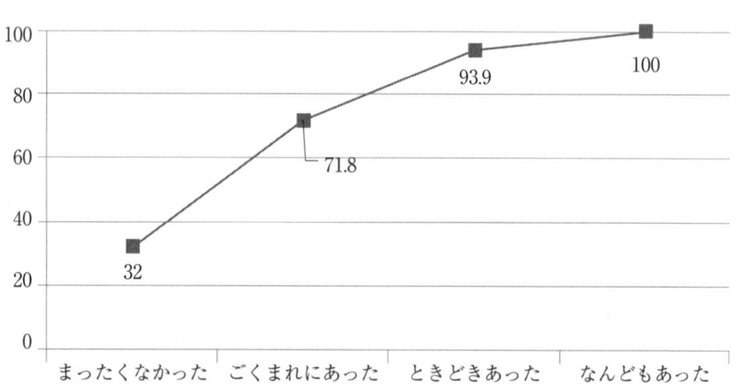


【例題 3.1】

最頻値：仕事をしていない（産休・育休）、中央値：5

【例題 3.2】

$(1+3+8+9+15+16+20+23+24+31)/10=15$

【例題 3.3】

分散：$(81+64+25+9+4+0+16+64+225)/(9-1)=61$

標準偏差：7.81

【例題 3.4】

$(20-15)/9.73=0.51$

【例題 4.1】

(a) 偏差値 30 を標準得点に直すと $z=-2$、偏差値 50 は $z=0$ である。「標準正規分布表」における領域比率①片側の $z$=2 を見ると、“0.4772” であることから、約 48％が出現すると推定される。

(b) 偏差値 35 を標準得点に直すと $z=-1.5$、偏差値 65 は $z=+1.5$ である。この場合は、0 を挟んでプラス方向・マイナス方向それぞれに 1.5 ずつの領域が対象となるので、「標準正規分布表」における領域比率②両側の $z$=1.5 を見ると、“0.8664” であることから、約 87％が出現すると推定される。

(c) 出現確率 95％をカバーする標準得点の範囲は、$z=-1.96$〜$z$=1.96 である。偏差値に関する標準偏差の 1.96 倍は 19.6 なので、上記を偏差値の範囲として換算し直すと、30.4〜69.6 と推定される。

【例題 5.1】

標準誤差は、$\sqrt{2.511/200}$ =0.112 となる。これに基づくと、

(a) 標本平均 95％出現範囲の下限=4.5－(1.96×0.112)=4.280
標本平均 95％出現範囲の上限=4.5＋(1.96×0.112)=4.720
よって、$\mu$=4.5 の母集団から $\overline{Y}$=4.506 の標本が抽出される可能性がある。

(b) 標本平均 95％出現範囲の下限=5－(1.96×0.112)=4.780
標本平均 95％出現範囲の上限=5＋(1.96×0.112)=5.220
よって、$\mu$=5 の母集団から $\overline{Y}$=4.506 の標本が抽出される可能性は低い。

【例題 5.2】

(a) 信頼度 95％の $z$ 得点は 1.96 なので、
信頼区間の下限=0.2－$(1.96\times\sqrt{0.16/600})$=0.168
信頼区間の上限=0.2＋$(1.96\times\sqrt{0.16/600})$=0.232

となる。したがって、95%の信頼度のもとで母集団の視聴率は16.8%から23.2%の間に含まれると推定される。

（a）信頼度99%の $z$ 得点は2.576なので、

信頼区間の下限 $=0.2-(2.576\times\sqrt{0.16/600})=0.158$

信頼区間の上限 $=0.2+(2.576\times\sqrt{0.16/600})=0.242$

となる。したがって、99%の信頼度のもとで母集団の視聴率は15.8%から24.2%の間に含まれると推定される。

【例題6.1】

①帰無仮説 $H_0$：母集団における賛成率は50%である（$\pi_0=0.5$）

対立仮説 $H_1$：母集団における賛成率は50%ではない（$\pi_1\neq0.5$）

②有意水準 $\alpha=5\%$ とすると、③限界値は±1.96となる。

④標本を対象とした調査データより、賛成率は53%と計算される。

したがって、検定統計量は以下の通りとなる。

$$z=\frac{0.53-0.50}{\sqrt{0.5\times(1-0.5)/500}}=1.342$$

⑤検定統計量が、限界値の範囲を超えていないので、帰無仮説「母集団の賛成率は50%である」は棄却できない。したがって、「母集団の賛成率は50%ではない」（賛成と反対が同数でない）とは言えない。

＊なお、反対率（47%）に着目して検定を行った場合、④の検定統計量は $z=-1.342$ となり、⑤の結論は同じとなる。

【例題6.2】

①帰無仮説 $H_0$：母集団における主観的地位の平均は5.5である（$\mu_0=5.5$）

対立仮説 $H_1$：母集団における主観的地位の平均は5.5ではない（$\mu_1\neq5.5$）

②有意水準 $\alpha$=5%とすると、③限界値は±1.96となる。
④検定統計量は以下の通りとなる。

$$z=\frac{4.506-5.5}{\sqrt{2.511/1455}}=-23.927$$

⑤検定統計量が、限界値の範囲を超えているので、帰無仮説「母平均は5.5である」は棄却され､対立仮説「母平均は5.5ではない」と言える。

【例題7.1】

・有意水準を5%とすると、両側検定なので限界値は±1.96となる。
・検定統計量を算出する。

$$z_{(\overline{Y_1}-\overline{Y_2})}=\frac{7.07-8.59}{\sqrt{\frac{3.59}{148}+\frac{4.36}{144}}}=-6.51$$

・検定統計量−6.51は限界値±1.96を超えるため帰無仮説が棄却され、「子どもが一人と二人以上の人の間では育児ストレスの平均値に差がある」といえる。また、平均値を見ると、子どもを二人以上育てている人のほうが育児ストレスが高いことがわかる。

【例題7.2】

・帰無仮説は「母集団において、子どもが一人の人と二人以上の人との間に、育児ストレスの平均値に差はない」、対立仮説は「母集団において、子どもが一人の人のほうが二人以上の人よりも育児ストレスの平均値が低い」となる。
・有意水準を5%とすると、片側検定なので限界値は−1.645となる。
・検定統計量−6.51は限界値−1.645を下回るため帰無仮説が棄却され、

「母集団において、子どもが一人の人のほうが二人以上の人よりも育児ストレスの平均値が低い」といえる。

【例題 7.3】

・帰無仮説は「母集団において、管理職と技術職の平均労働時間に差はない」、対立仮説は「母集団において、管理職と技術職の平均労働時間に差がある」となる。

・有意水準は 5% とする。両側検定なので限界値は自由度 18 と有意水準 0.05（両側）が交差する部分の値 ±2.101 となる。

・母分散を推定し、検定統計量を算出する。

$$s^2=\frac{(10-1)\times 2.61+(10-1)\times 6.71}{10+10-2}=4.66$$

$$t_{(18)}=\frac{8.85-8.60}{\sqrt{\frac{4.66}{10}+\frac{4.66}{10}}}=0.26$$

・検定統計量 0.26 は限界値 ±2.101 の範囲を超えないため、帰無仮説は棄却できない。よって、管理職と技術職の平均労働時間に差があるとは言えない。

【例題 8.1】

以下のように、全平方和=752、群間平方和=192、群内平方和 =560 が算出される。

| 個体の値 | 集団 A | 34 | 38 | 42 | 46 | 50 | 54 | |
|---|---|---|---|---|---|---|---|---|
| | 集団 B | 42 | 46 | 50 | 54 | 58 | 62 | |
| 偏差 1 | 集団 A | − 14 | − 10 | −6 | −2 | 2 | 6 | ➡ 全平方和　752 |
| | 集団 B | −6 | −2 | 2 | 6 | 10 | 14 | |
| 偏差 2 | 集団 A | −4 | −4 | −4 | −4 | −4 | −4 | ➡ 群間平方和　192 |
| | 集団 B | 4 | 4 | 4 | 4 | 4 | 4 | |
| 偏差 3 | 集団 A | − 10 | −6 | −2 | 2 | 6 | 10 | ➡ 群内平方和　560 |
| | 集団 B | − 10 | −6 | −2 | 2 | 6 | 10 | |

図表 8−1 の集団 A・B の場合と比べて群内平方和が大きく、グループ内部の散らばりが大きい。

【例題 8.2 解答】

| | 平方和 | 自由度 | 平均平方 | *F* 比 |
|---|---|---|---|---|
| 群間 $_{\text{BETWEEN}}$ | 192 | 1 | 192 | 3.429 |
| 群内 $_{\text{WITHIN}}$ | 560 | 10 | 56 | |
| 全体 $_{\text{TOTAL}}$ | 752 | 11 | | |

集団 A・B の場合の *F* 比と比べて小さいのは、グループ内の散らばりが大きいことを反映している。

【例題 9.1】

「18 歳-39 歳で自民党に投票した」という人は 149 人いるが、18-39 歳は全体で 512 人なので 149 ÷ 512 ≒ 29.1% となる。

一方「立憲民主党に投票した中で 40 歳-59 歳の人」は 130 人で、立憲民主党に投票した人全体は 459 人なので、130 ÷ 459 ≒ 28.3% となる。

【例題 9.2】

「18 歳-39 歳で自民党に投票した」の期待度数について、式 9.1 に当てはめると、*ni.* は 834、*n.j* は 512、*n* は 2815 なので、834×512÷2815≒151.7 となる。あるいは期待相対度数の考えを生かして計算すると、「18-39 歳」の人は 512 人おり、全体 2815 人の中で占める割合は 512÷2815≒18.19％である。また「自民党に投票した」人全体が 834 人なので 834×18.19％≒151.7 となる。または、全体に対する「自民党に投票した」人の割合は 834÷2815≒29.62％であり、18-39 歳の全体人数が 512 人なので 512×29.62％≒151.7 としても計算できる。

【例題 9.3】

まず図表 9－5 は 3（行）×7（列）のクロス集計表なので、$X^2$ 値の近似する $\chi^2$ 分布の自由度は、(3－1)×(7－1)=2×6=12 となる。自由度 12 で $\alpha$=0.01 の限界値は、カイ二乗分布表より 26.217 となる。

算出された検定統計量である $X^2$ 値は 199.258 であったので、検定統計量が限界値を上回っているので、母集団において年齢｀層と投票先の間は独立であるという帰無仮説は棄却され、母集団において年齢層と投票先には関連がある、という対立仮説が採択される。

【例題 10.1】

図表 10－11 の零次のクロス集計表では、60 歳以上は 9 割近くが投票に行ったと回答している一方で 18-39 歳では 7 割弱と、20 ポイント近い差があった。その $X^2$ 値は 109.3 となり、そこから計算されるクラメールの連関係数も 0.198 となり、弱い関連があると判断できる。

次に学歴別のクロス集計表を見ていくと、中学・高校のクロス集計表では 18-39 歳では投票に行った率が 6 割強とさらに低下し、一方で 60

歳以上では全体と変わらず9割程度が投票に行っている。クラメールの連関係数も0.243といくぶんか大きくなっている。一方で短大・大学のクロス集計表でも、確かに世代差は残るが（18-39歳に比べて60歳以上では15ポイント以上投票に行った率が高い）、全体よりは差が縮まっており、クラメールの連関係数も0.174と低下する。

つまり、18-39歳の世代で中学・高校学歴の人が特に投票にいきにくい傾向が見られることから、世代と学歴の間の一定の交互作用（18-39歳の世代で中学・高校の学歴の人が、特に投票しない）があると考えられるであろう。

【例題11.1】

まず個々のケースのX偏差×Y偏差（偏差積）については、図表11−5の右端のセルで計算されているように、Aの場合は−1×50=−50、Bは−9×−180=1620となり、それらをJまで合計すると11060となる（この値が式11.2の分子となる）。

その11060をケース数10−1=9（式11.2の分母）で割ると、1228.88…となるので、「1228.9」が共分散となる。

【例題11.2】

まずは式11.3を用いた場合を考えていこう。その場合、図表11−5を用いることで一部の計算が省略できる。まず式の分子については、例題11.1で計算したように一番右のセルの合計値なので、11060である。

次に分母のうち左側（Xの偏差平方和の平方根）は、図表11−5の3列目の数字Aの1、Bの81などをJまで足していくと合計は1116となり、その1116の平方根である33.41となる。右側（Yの偏差平方和の平方根）は、6列目の数字（Aさんは2500、Bさんは32400など）を足していくと合計は 253800 となり、その平方根は 503.79 となる。最後、分子の 11060 を 33.41 × 503.79 で割る。その計算から「0.657」が今回の X と Y の相関係数となる。

あるいは式 11.2 を用いる場合は、例題 11.1 の回答である 1228.9 が分子の共分散となる。次に図表 11－1 に掲載されている X の標準偏差 11.13 と Y の標準偏差 167.93 をかけた 1869.1 が分母となる。よって、1228.9÷1869.1 の結果、「0.657」が相関係数となる。

【例題 11.3】

今回の計算に必要なのは、年齢とテレビ信頼度の標準偏差と、その二つの間の共分散である。式 11.2 にあてはめていくと、まず分子は共分散の 5.382 である。また分母については年齢の標準偏差 15.620 とテレビ信頼度の標準偏差 1.565 をかけあわせた 24.445（小数点以下第 4 位を四捨五入）となる。5.382÷24.445≒0.22017 となるので、小数点以下第 4 位を四捨五入し、0.220 となる。

この例題でも示されたように、集計済みのデータでも、標準偏差（または分散）と共分散の値があれば、相関係数は算出可能である。

【例題 11.4】

相関係数の検定については、標本相関係数とサンプルサイズ n の情報だけで t 値の計算は可能である。まず、分子は標本相関係数 0.160 となる。分母について、$1-r_{XY}^2$ の部分は $1-0.160^2 \fallingdotseq 0.9744$、n－2 は 2809－2=2807 で、あわせた 0.9744÷2807 の平方根である 0.01863 が分母となる。最終的に 0.160÷0.01863≒8.588 が検定統計量 t となり、限界値 1.960 よりも大きいので統計的に有意である、と判断する。

【例題 12.1】

年齢を $X$、個人収入を $Y$、その上で統制する教育年数を $Z$ と考えた上で、式 12.1 に必要な数値を当てはめていくと以下のような形となる。

$$r_{XY,Z}=\frac{0.128-(-0.112\times0.253)}{\sqrt{1-(-0.112)^2}\times\sqrt{1-0.253^2}}\fallingdotseq\frac{0.1563}{0.9937\times0.9674}\fallingdotseq0.163$$

以上のように今回の事例データでは、教育年数を統制した上での、年齢と個人収入の間の偏相関係数は 0.163（小数点以下第 4 位を四捨五入）となる。

【例題 12.2】

まず架空例の A から J のデータについて、年齢と教育年数の順位とその順位差、順位差の 2 乗をまとめると以下の表のようになる。

| | 年齢 | 年齢順位 | 教育年数 | 教育年数順位 | 順位差 | 順位差の 2 乗 |
|---|---|---|---|---|---|---|
| A | 38 | 5.5 | 15 | 2.5 | 3 | 9 |
| B | 30 | 7.5 | 14 | 4.5 | 3 | 9 |
| C | 28 | 9 | 13 | 6.5 | 2.5 | 6.25 |
| D | 55 | 2 | 9 | 10 | −8 | 64 |
| E | 38 | 5.5 | 10 | 9 | −3.5 | 12.25 |
| F | 48 | 3 | 13 | 6.5 | −3.5 | 12.25 |
| G | 30 | 7.5 | 11 | 8 | −0.5 | 0.25 |
| H | 25 | 10 | 16 | 1 | 9 | 81 |
| I | 56 | 1 | 14 | 4.5 | −3.5 | 12.25 |
| J | 42 | 4 | 15 | 2.5 | 1.5 | 2.25 |

その順位差の 2 乗の合計値は 208.5 となる。その値を含めて式 12.2 にあてはめていくと、以下のようになる。

$$\rho=1-\frac{6\Sigma Di^2}{N(N^2-1)}=1-\frac{6\times 208.5}{10(10^2-1)}=1-\frac{1251}{990}\fallingdotseq -0.264$$

以上の式の答えである−0.264 が今回の架空事例のスピアマンの順位相関係数となる。

【例題 13.1】

A から J までの偏差平方を計算していくと、−12=1、−92=81、−112=121、162=256、−12=1、92=81、−92=81、−142=196、172=289、32=9 となり、それらを合計すると 1+81+121+256+1+81+81+196+289+9=1116 となり、それが年齢の偏差平方和となる。

また図表 13−4 で計算済みの年齢の分散を利用する方法もある。分散は偏差平方和÷(ケース数−1)によって計算される。そのことから逆算し、分散 124×(10−1)=1116 としても偏差平方和は計算可能である。

【例題 13.2】

まず式 13.3 の分母である X の偏差平方和は、例題 13.1 で計算したように 1116 となる。偏差積和は 11060 であるから、

回帰係数=11060÷1116≒9.91

となる。続いて定数は、式 13.4 に当てはめていくと、Y の平均は 450 で、回帰係数(b)は 9.91、さらに X の平均値は 39 であるので、

定数=450−9.91×39=450−386.49=63.51≒63.5

として計算できる。

【例題 13.3】

式 13.5 に数値を当てはめて計算していく。まず分母の√内の分子部分は、残差平方和（$SS_{ERROR}$） 40000÷(12－1－1)＝4000 となり、分母の√内の分母は 100 なので、4000÷1000＝4 をルートした 2 が式 13.5 に当てはめた結果の分母となる。

分子については回帰係数 10 なので、10÷2＝5 が今回の t 値となる。その上で、今回の限界値は 2.228 であったので、限界値 2.228 ＜ t 値 5 なので、今回は有意であるとの結論になる。

【例題 14.1】

定数 4.323 は、基準カテゴリー（学歴ダミー=0）である「大学卒未満」の主観的地位評価の予測値（平均値）を表す。ダミー変数にかかる回帰係数 0.916 は、「大学卒未満」に対する「大学卒以上」の差を表すことから、最終学歴が「大学卒以上」である場合の主観的地位評価の平均は、4.323＋0.916=5.239 と予測される。

【例題 14.2】

・回帰式 2：回帰平方和=3136.014－2908.142=227.872 なので、決定係数=227.872/3136.014=0.073（7.3%）

・回帰式 3：回帰平方和=3136.014－2600.835=535.179 なので、決定係数=535.179/3136.014=0.171（17.1%）

# 付記｜本書で利用した社会調査データ

● 5章・6章・14章・15章：国際社会調査プログラム（International Social Survey Programme：ISSP）2019年モジュール「社会的不平等Ｖ（Social Inequality V）」から得られた調査データ（以下参照）。
ISSP Research Group（2021）: International Social Survey Programme: Social Inequality V-ISSP 2019. GESIS Data Archive, Cologne. ZA7600 Data file Version 2.0.0, https://doi.org/10.4232/1.13829
日本の調査はNHK放送文化研究所が主体となり、全国18歳以上を対象として実施された。くわしくは、小林利行「減少する中流意識と変わる日本人の社会観～ISSP国際比較調査「社会的不平等」・日本の結果から～」（『放送研究と調査』2020年5月号）を参照。

● 2章・3章・6章：まつどでつながるプロジェクト「母親の育児にかんする調査」
「母親の育児にかんする調査」は、松戸市に住み、2020年10月～2021年8月に生まれた新生児を育てている母親に対して実施した。調査の際には、松戸市で新生児の多い地区を抽出し、該当する子どものいる母親に全数調査を行った。標本抽出は住民基本台帳から行い、調査票は2021年11月に600票を配布した。有効回答は、296票である。本文のケース数は無回答を除いた数である。

● 9章・10章・11章・12章：「国際化と市民の政治参加に関する世論調査2021」
2009年より4年ごとに、ナショナリズムや政治意識に関して「国際化と市民の政治参加に関する世論調査」として郵送法で行われている全国調査の2021年度データである。くわしくは、国際化と市民の政治参加に関するプロジェクトのWebサイト（https://w3.waseda.jp/prj-ipa/）を参照のこと。

● 12章・13章：2015年「社会階層と社会移動に関する全国調査（SSM調査）」
1955年から社会学者を中心に10年おきに行われている大規模社会調査の第7回目にあたる2015年調査のデータである。全国の20～79歳までの16100名を対象とし、7817票の回答を得ている（なお本文中にも記載したように、本書ではそのうちの20歳から60歳の有業者に限定した上で2000票をランダムに抽出した用データを分析に用いている）。くわしくは、有田伸・数土直紀・白波瀬佐和子編『人生後期の階層構造3』の補論や2015年社会階層と社会移動(SSM)調査研究会のWebサイト（https://www.l.u-tokyo.ac.jp/2015SSM-PJ/index.html）を参照のこと。

今回の分析で用いた「2015年SSM日本調査，2015（非制限公開疑似データ）」の個票データは、東京大学社会科学研究所附属社会調査・データアーカイブ研究センターのウェブサイトからダウンロード可能である。

https://csrda.iss.u-tokyo.ac.jp/infrastructure/urd/

## 推奨参考書

### 社会統計学：基礎から応用

浅川達人『ひとりで学べる社会統計学』（ミネルヴァ書房、2011 年）
岡太彬訓・中井美樹・元治恵子『データ分析入門――基礎統計』（共立出版、2012 年）
片瀬一男・阿部晃士・林雄亮・高橋征仁『社会統計学アドバンスト』（ミネルヴァ書房、2019 年）
神林博史・三輪哲『社会調査のための統計学』（技術評論社、2011 年）
太郎丸博『人文・社会科学のためのカテゴリカル・データ解析入門』（ナカニシヤ出版、2005 年）
津島昌寛・山口洋・田邊浩『数学嫌いのための社会統計学』（法律文化社、2010 年）
ボーンシュテッド , G. W. & ノーキ, D.（海野道郎・中村隆 監訳）『社会統計学―社会調査のためのデータ分析入門』（ハーベスト社、1992 年）
与謝野有紀・栗田宣義・高田洋・間淵領吾・安田雪『社会の見方、測り方―計量社会学への招待』（勁草書房、2006 年）

### ソフトウェアを用いた分析実践

岩井紀子・保田時男『調査データの分析――JGSS データとオンライン集計の活用』（有斐閣、2007 年）
杉野勇『入門・社会統計学――2 ステップで基礎から〔R で〕学ぶ』（法律文化社、2017 年）
永吉希久子『行動科学の統計学――社会調査のデータ分析』（共立出版、2016 年）
三輪哲・林雄亮『SPSS による応用多変量解析』（オーム社、2014 年）
村瀬洋一・高田洋・廣瀬毅士『SPSS による多変量解析』（オーム社、2007 年）

### 社会調査法

大谷信介・木下栄二・後藤範章・小松洋『新・社会調査へのアプローチ―論理と方法』（ミネルヴァ書房、2013 年）

北川由紀彦・山口恵子『社会調査の基礎』（放送大学教育振興会、2019 年）
小林修一・久保田滋・西野理子・西澤晃彦『テキスト社会調査』（梓出版社、2005 年）
轟亮・杉野勇『入門・社会調査法』（法律文化社、2010 年）
林雄亮・石田賢示『基礎から学ぶ社会調査と計量分析』（北樹出版、2017 年）
森岡清志『ガイドブック社会調査（第 2 版）』（日本評論社、2007 年）

# 確率分布表

## 標準正規分布表（簡易版）

| $z$ | 領域比率 | | 有意水準 $\alpha$ | |
|---|---|---|---|---|
| | ①片側 | ②両側 | ③片側 | ④両側 |
| 0.00 | 0.0000 | 0.0000 | 0.5000 | 1.0000 |
| 0.50 | 0.1915 | 0.3829 | 0.3085 | 0.6171 |
| 1.00 | 0.3413 | 0.6827 | 0.1587 | 0.3173 |
| 1.50 | 0.4332 | 0.8664 | 0.0668 | 0.1336 |
| 1.645 | 0.4500 | 0.9000 | 0.0500 | 0.1000 |
| 1.960 | 0.4750 | 0.9500 | 0.0250 | 0.0500 |
| 2.00 | 0.4772 | 0.9545 | 0.0228 | 0.0455 |
| 2.50 | 0.4938 | 0.9876 | 0.0062 | 0.0124 |
| 2.576 | 0.4950 | 0.9900 | 0.0050 | 0.0100 |
| 3.00 | 0.4987 | 0.9973 | 0.0013 | 0.0027 |
| 3.50 | 0.4998 | 0.9995 | 0.0002 | 0.0005 |
| 4.00 | 0.5000 | 0.9999 | 0.0000 | 0.0001 |
| 4.50 | 0.5000 | 1.0000 | 0.0000 | 0.0000 |

①（領域比率・片側）＝ 下図 B、または C
②（領域比率・両側）＝ B + C
③（有意水準・片側）＝ A、または D
④（有意水準・両側）＝ A + D

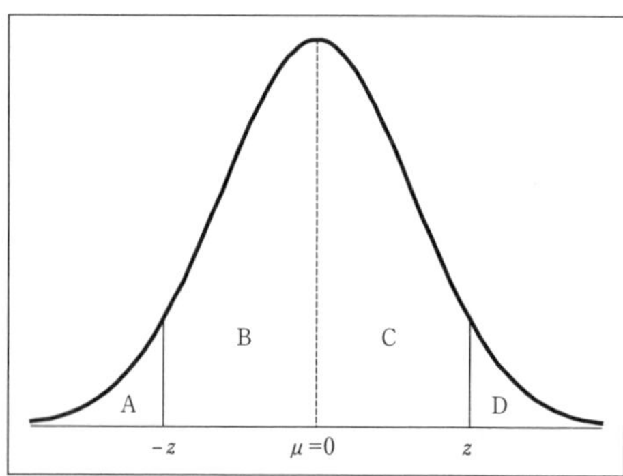

### *t* 分布表

| | 有意水準<br>＊上段は両側検定、下段（　）内は片側検定の場合 | | | | |
|---|---|---|---|---|---|
| | 0.20 | 0.10 | 0.05 | 0.02 | 0.01 |
| 自由度 | (0.10) | (0.05) | (0.025) | (0.01) | (0.005) |
| 1 | 3.078 | 6.314 | 12.706 | 31.821 | 63.657 |
| 2 | 1.886 | 2.920 | 4.303 | 6.965 | 9.925 |
| 3 | 1.638 | 2.353 | 3.182 | 4.541 | 5.841 |
| 4 | 1.533 | 2.132 | 2.776 | 3.747 | 4.604 |
| 5 | 1.476 | 2.015 | 2.571 | 3.365 | 4.032 |
| 6 | 1.440 | 1.943 | 2.447 | 3.143 | 3.707 |
| 7 | 1.415 | 1.895 | 2.365 | 2.998 | 3.499 |
| 8 | 1.397 | 1.860 | 2.306 | 2.896 | 3.355 |
| 9 | 1.383 | 1.833 | 2.262 | 2.821 | 3.250 |
| 10 | 1.372 | 1.812 | 2.228 | 2.764 | 3.169 |
| 11 | 1.363 | 1.796 | 2.201 | 2.718 | 3.106 |
| 12 | 1.356 | 1.782 | 2.179 | 2.681 | 3.055 |
| 13 | 1.350 | 1.771 | 2.160 | 2.650 | 3.012 |
| 14 | 1.345 | 1.761 | 2.145 | 2.624 | 2.977 |
| 15 | 1.341 | 1.753 | 2.131 | 2.602 | 2.947 |
| 16 | 1.337 | 1.746 | 2.120 | 2.583 | 2.921 |
| 17 | 1.333 | 1.740 | 2.110 | 2.567 | 2.898 |
| 18 | 1.330 | 1.734 | 2.101 | 2.552 | 2.878 |
| 19 | 1.328 | 1.729 | 2.093 | 2.539 | 2.861 |
| 20 | 1.325 | 1.725 | 2.086 | 2.528 | 2.845 |
| 21 | 1.323 | 1.721 | 2.080 | 2.518 | 2.831 |
| 22 | 1.321 | 1.717 | 2.074 | 2.508 | 2.819 |
| 23 | 1.319 | 1.714 | 2.069 | 2.500 | 2.807 |
| 24 | 1.318 | 1.711 | 2.064 | 2.492 | 2.797 |
| 25 | 1.316 | 1.708 | 2.060 | 2.485 | 2.787 |
| 26 | 1.315 | 1.706 | 2.056 | 2.479 | 2.779 |
| 27 | 1.314 | 1.703 | 2.052 | 2.473 | 2.771 |
| 28 | 1.313 | 1.701 | 2.048 | 2.467 | 2.763 |
| 29 | 1.311 | 1.699 | 2.045 | 2.462 | 2.756 |
| 30 | 1.310 | 1.697 | 2.042 | 2.457 | 2.750 |
| 40 | 1.303 | 1.684 | 2.021 | 2.423 | 2.704 |
| 60 | 1.296 | 1.671 | 2.000 | 2.390 | 2.660 |
| 120 | 1.289 | 1.658 | 1.980 | 2.358 | 2.617 |
| ∞ | 1.282 | 1.645 | 1.960 | 2.326 | 2.576 |

## カイ二乗（$\chi^2$）分布表

| 自由度 | 有意水準 0.20 | 0.10 | 0.05 | 0.01 |
|---|---|---|---|---|
| 1 | 1.642 | 2.706 | 3.841 | 6.635 |
| 2 | 3.219 | 4.605 | 5.991 | 9.210 |
| 3 | 4.642 | 6.251 | 7.815 | 11.345 |
| 4 | 5.989 | 7.779 | 9.488 | 13.277 |
| 5 | 7.289 | 9.236 | 11.070 | 15.086 |
| 6 | 8.558 | 10.645 | 12.592 | 16.812 |
| 7 | 9.803 | 12.017 | 14.067 | 18.475 |
| 8 | 11.030 | 13.362 | 15.507 | 20.090 |
| 9 | 12.242 | 14.684 | 16.919 | 21.666 |
| 10 | 13.442 | 15.987 | 18.307 | 23.209 |
| 11 | 14.631 | 17.275 | 19.675 | 24.725 |
| 12 | 15.812 | 18.549 | 21.026 | 26.217 |
| 13 | 16.985 | 19.812 | 22.362 | 27.688 |
| 14 | 18.151 | 21.064 | 23.685 | 29.141 |
| 15 | 19.311 | 22.307 | 24.996 | 30.578 |
| 16 | 20.465 | 23.542 | 26.296 | 32.000 |
| 17 | 21.615 | 24.769 | 27.587 | 33.409 |
| 18 | 22.760 | 25.989 | 28.869 | 34.805 |
| 19 | 23.900 | 27.204 | 30.144 | 36.191 |
| 20 | 25.038 | 28.412 | 31.410 | 37.566 |
| 30 | 36.250 | 40.256 | 43.773 | 50.892 |
| 40 | 47.269 | 51.805 | 55.758 | 63.691 |
| 50 | 58.164 | 63.167 | 67.505 | 76.154 |
| 60 | 68.972 | 74.397 | 79.082 | 88.379 |
| 70 | 79.715 | 85.527 | 90.531 | 100.425 |
| 80 | 90.405 | 96.578 | 101.879 | 112.329 |
| 90 | 101.054 | 107.565 | 113.145 | 124.116 |
| 100 | 111.667 | 118.498 | 124.342 | 135.807 |

## *F* 分布表（有意水準 5%）

| 自由度：分母 | 自由度：分子(※) 1 | 2 | 3 | 4 | 5 | 6 | 7 | 8 | 9 | 10 |
|---|---|---|---|---|---|---|---|---|---|---|
| 1 | 161.45 | 199.50 | 215.71 | 224.58 | 230.16 | 233.99 | 236.77 | 238.88 | 240.54 | 241.88 |
| 2 | 18.51 | 19.00 | 19.16 | 19.25 | 19.30 | 19.33 | 19.35 | 19.37 | 19.38 | 19.40 |
| 3 | 10.13 | 9.55 | 9.28 | 9.12 | 9.01 | 8.94 | 8.89 | 8.85 | 8.81 | 8.79 |
| 4 | 7.71 | 6.94 | 6.59 | 6.39 | 6.26 | 6.16 | 6.09 | 6.04 | 6.00 | 5.96 |
| 5 | 6.61 | 5.79 | 5.41 | 5.19 | 5.05 | 4.95 | 4.88 | 4.82 | 4.77 | 4.74 |
| 6 | 5.99 | 5.14 | 4.76 | 4.53 | 4.39 | 4.28 | 4.21 | 4.15 | 4.10 | 4.06 |
| 7 | 5.59 | 4.74 | 4.35 | 4.12 | 3.97 | 3.87 | 3.79 | 3.73 | 3.68 | 3.64 |
| 8 | 5.32 | 4.46 | 4.07 | 3.84 | 3.69 | 3.58 | 3.50 | 3.44 | 3.39 | 3.35 |
| 9 | 5.12 | 4.26 | 3.86 | 3.63 | 3.48 | 3.37 | 3.29 | 3.23 | 3.18 | 3.14 |
| 10 | 4.96 | 4.10 | 3.71 | 3.48 | 3.33 | 3.22 | 3.14 | 3.07 | 3.02 | 2.98 |
| 11 | 4.84 | 3.98 | 3.59 | 3.36 | 3.20 | 3.09 | 3.01 | 2.95 | 2.90 | 2.85 |
| 12 | 4.75 | 3.89 | 3.49 | 3.26 | 3.11 | 3.00 | 2.91 | 2.85 | 2.80 | 2.75 |
| 13 | 4.67 | 3.81 | 3.41 | 3.18 | 3.03 | 2.92 | 2.83 | 2.77 | 2.71 | 2.67 |
| 14 | 4.60 | 3.74 | 3.34 | 3.11 | 2.96 | 2.85 | 2.76 | 2.70 | 2.65 | 2.60 |
| 15 | 4.54 | 3.68 | 3.29 | 3.06 | 2.90 | 2.79 | 2.71 | 2.64 | 2.59 | 2.54 |
| 16 | 4.49 | 3.63 | 3.24 | 3.01 | 2.85 | 2.74 | 2.66 | 2.59 | 2.54 | 2.49 |
| 17 | 4.45 | 3.59 | 3.20 | 2.96 | 2.81 | 2.70 | 2.61 | 2.55 | 2.49 | 2.45 |
| 18 | 4.41 | 3.55 | 3.16 | 2.93 | 2.77 | 2.66 | 2.58 | 2.51 | 2.46 | 2.41 |
| 19 | 4.38 | 3.52 | 3.13 | 2.90 | 2.74 | 2.63 | 2.54 | 2.48 | 2.42 | 2.38 |
| 20 | 4.35 | 3.49 | 3.10 | 2.87 | 2.71 | 2.60 | 2.51 | 2.45 | 2.39 | 2.35 |
| 30 | 4.17 | 3.32 | 2.92 | 2.69 | 2.53 | 2.42 | 2.33 | 2.27 | 2.21 | 2.16 |
| 40 | 4.08 | 3.23 | 2.84 | 2.61 | 2.45 | 2.34 | 2.25 | 2.18 | 2.12 | 2.08 |
| 60 | 4.00 | 3.15 | 2.76 | 2.53 | 2.37 | 2.25 | 2.17 | 2.10 | 2.04 | 1.99 |
| 120 | 3.92 | 3.07 | 2.68 | 2.45 | 2.29 | 2.18 | 2.09 | 2.02 | 1.96 | 1.91 |
| ∞ | 3.84 | 3.00 | 2.60 | 2.37 | 2.21 | 2.10 | 2.01 | 1.94 | 1.88 | 1.83 |

（※）本書 8 章の場合、群間平方和の自由度は「自由度：分子」に、群内平方和の自由度は「自由度：分母」となる。

# 索引

●配列は五十音順、＊は→の用語と同義。

●た　行

●や　行



●ら　行



●わ　行

# 分担執筆者紹介

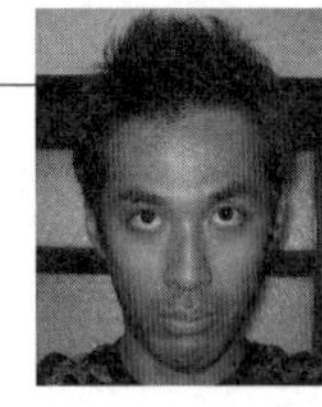

## 石田　光規（いしだ・みつのり）

・執筆章→2・3・7

1973年　神奈川県に生まれる
2007年　東京都立大学社会科学研究科 博士課程単位取得退学（社会学博士）
現在　早稲田大学文学学術院教授
専攻　ネットワーク論、産業社会学
主な著書／論文
『つながりづくりの隘路――地域社会は再生するのか』（単著 勁草書房、2015年）
『孤立の社会学――無縁社会の処方箋』（単著 勁草書房、2011年）
『産業・労働社会における人間関係―パーソナルネットワーク・アプローチによる分析』（単著 日本評論社、2009年）

（執筆の章順）

## 田辺　俊介（たなべ・しゅんすけ）

・執筆章→9～13

1976年　神奈川県に生まれる
2005年　東京都立大学社会科学研究科 博士課程単位取得退学（社会学博士）
現在　早稲田大学文学学術院教授
専攻　社会意識、計量社会学、社会調査方法論
主な著書／論文


『日本人は右傾化したのか―データ分析で実像を読み解く』（編著 勁草書房、2019年）
『民主主義の「危機」―国際比較調査からみる市民意識』（編著 勁草書房、2014年）
『外国人へのまなざしと政治意識―社会調査で読み解く日本のナショナリズム』（編著 勁草書房、2011年）
『ナショナル・アイデンティティの国際比較』（慶應義塾大学出版会、2010年）
"Sociological studies on nationalism in Japan" *International Sociology* 36 (2), 2021年
"An Exploratory Analysis of National Prestige Scores" *Social Science Japan Journal* 12 (2), 2009年
「『日本人』の外国好感度とその構造の実証的検討―亜細亜主義・東西冷戦・グローバリゼーション」、『社会学評論』234号、2008年

# 編著者紹介

## 林 拓也（はやし・たくや）

・執筆章→1・4～6・8・14・15

1969 年　東京都に生まれる
1999 年　東京都立大学社会科学研究科 博士課程単位取得退学
現在　奈良女子大学研究院教授
専攻　計量社会学、社会調査方法論、社会階層論


主な著書／論文

『格差と分断／排除の諸相を読む』（共編著 晃洋書房、2022 年）
『職業間距離の計量社会学 ―人々の意識からみる職業の多次元構造―』（単著 ナカニシヤ出版、2019 年）
『パーソナルネットワークの構造と変容』（共著 東京都立大学出版会、2002 年）
『流動化と社会格差』（共著 ミネルヴァ書房、2002 年）

放送大学教材　1730185-1-2411（ラジオ）

# 三訂版　社会統計学入門

発　行　　2024年3月20日　第1刷
編著者　　林　拓也
発行所　　一般財団法人　放送大学教育振興会
〒105-0001　東京都港区虎ノ門1-14-1　郵政福祉琴平ビル
電話　03（3502）2750

市販用は放送大学教材と同じ内容です。定価はカバーに表示してあります。
落丁本・乱丁本はお取り替えいたします。

Printed in Japan　ISBN978-4-595-32478-9　C1333